办特色学校　建幸福校园

——九江三中办学经验探索

张成卓　编著

知识产权出版社

全国百佳图书出版单位

图书在版编目(CIP)数据

办特色学校 建幸福校园:九江三中办学经验探索/张成卓编著.—北京:知识产权出版社,2015.7

ISBN 978 - 7 -5130 -0959 -1

Ⅰ.①办… Ⅱ.①张… Ⅲ.①中学 - 办学经验 - 九江市 Ⅳ.①G639.285.63

中国版本图书馆 CIP 数据核字(2015)第 033476 号

责任编辑:王 辉

办特色学校 建幸福校园——九江三中办学经验探索

张成卓 编著

出版发行:	知识产权出版社有限责任公司	网 址:	http://www.ipph.cn
电 话:	010 - 82004826		http://www.laichushu.com
社 址:	北京市海淀区马甸南村1号	邮 编:	100088
责编电话:	010 - 82000860 - 8381	责编邮箱:	wanghui@ cnipr.com
发行电话:	010 - 82000860 转 8101/8029	发行传真:	010 - 82000893/82003279
印 刷:	北京科信印刷有限公司	经 销:	新华书店及相关销售网点
开 本:	720 mm × 1000 mm 1/16	印 张:	11.5
版 次:	2015 年 7 月第 1 版	印 次:	2015 年 7 月第 1 次印刷
字 数:	200 千字	定 价:	38.00 元

ISBN 978 -7 -5130 -0959 -1

目　录

第一章　学校管理智慧

一、修身、立威、服人——学校管理的基础

"修身齐家治国平天下"是儒家对人生发展道路的经典描述,它指出个人的修身是人生发展的第一步,然后才可能实现齐家、治国和平天下。任何宏伟目标的实现,都应当从个人的修身做起。2007 年,习近平总书记在还是浙江省委书记的时候就提出领导干部要"修身、立威、服人",对于管理者而言"修身、立威、服人"是一切管理活动的基础,其身修,则德立,德立则自威,德威相承则人服。

(一)修身

在儒家的经典教义中,修身是指陶冶身心,涵养德性。立德是指树立德业,修养品德。立德是目的,修身是手段,二者是有机联系的统一体。中国以伦理立国,"立德修身"在中国传统文化中占有极其重要的地位。《礼记》有"正心、修身、齐家、治国、平天下"之说,《左传》也同样强调:"大上有立德,其次有立功,其次有立言,虽久不废,此之谓不朽。"先哲们都认为只有先修身立德,才能做好人、做好事、做好官,才能"齐家、治国、平天下"。可见,中华民族所强调的"修身立德",不仅是成才之本,更是管理之道。校长作为一所学校的管理者和领导者,其教育理念、办学思路、教育行为、管理风格与业务水平等个人素养,对学校的教育教学、行政管理、科学研究等方面影响深远。因此,校长良好的自身修养是学校管理的基础。

1. 以德为先

在儒家的经典教义中,修身立德首先是指道德修养。毫无疑问,这应当

是校长修身立德的第一步。校长是学校的灵魂,也是广大教师心中的一面旗帜。"其身正,不令而行;其身不正,虽令不从。"校长要做到勤以自省,严于律己。自省是孔子提出的一种自我道德修养的方法,"见贤思齐焉,见不贤而内自省也"。"自省"就是通过自我意识来省察自己言行的过程,其目的正如朱熹所说:"日省其身,有则改之,无则加勉。"孔子的学生曾子很能力行"自省"这一主张,他经常做到"吾日三省吾身",即检查自己"为人谋而不忠乎? 与朋友交而不信乎? 传不习乎?"校长同样也应做到勤于自省,从日常工作、生活中不断地反思言行。自己的教育理念是否正确,自己的管理行为是否合理有效,自己的道德品行是否日益精进等。自律也是道德修养的一种方法。"己所不欲,勿施于人",校长要设身处地地为老师和学生着想。要求老师和学生做到的,自己必须首先做到,老师和学生不能做到的,自己首先不去做;要学会用自己的感受去观察和体贴别人,要学会换位思考;在工作中勇于承担责任,不揽功推过。吃苦在前,享乐在后,勇于自我牺牲,不与教师争名利,带头做好工作,履行自己职责。可见自律不仅是道德修养的一种方法,也是一种高尚的道德境界。

2. 育人为本

苏联教育家苏霍姆林斯基曾经说过:"校长首先是一个思想的领导者。"校长如果没有鲜明的思想,人云亦云,就如同墙头草东摇西摆,这样的校长不可能带出一支作风严谨、团结协作、善于钻研、个性飞扬、性情阳光的专业化教师队伍,不可能培养出内心丰富、心灵深邃、个性鲜明、人格独立的优秀学生,不可能办出有特色、有魅力的精品学校。因此思想修养是校长修身立德的第二个层次。作为思想领导者的校长应当具备什么样的办学思想和办学理念呢? 这是每一位校长必须明确,也必须回答的问题,否则就难以成为真正的思想领导者,也难以领导和发展一个学校。"育人为本"是教育的生命和灵魂,是教育的本质要求和价值诉求。好的校长应本着育人为本的办学理念,不仅关注学生的当前发展,还要关注学生的长远发展,更要关注学生的全面发展;不仅关注被育之人,还要关注育人之人,更要关注所服务之对象——国家和人民,为国家服务、为人民服务,不断满足国家和人民群众的需要。九江三中以"育人为本"作为办学的核心理念,尤论是在教学,还是在管理、生活层面,处处注重什么是"育人为本",怎样做到"育人为本"。

好的校长应该是一个享受教育的人。一个人应该选择富有创造性的职业,并以创造性的劳动去实现自身的生命价值,在创造性的劳动中,享受自身生命力焕发的欢乐。陶行知在《创造宣言》中曾说过这样的话:"教师的成功是创造出值得自己崇拜的人。先生之最大的快乐,是创造出值得自己崇拜的学生。"在他看来,教师最大的成功与最大的快乐,都在于学生超过自己,值得自己崇拜。那么,同样的道理,校长的成功在于创造出值得学校骄傲的名师队伍,并依靠这样的名师队伍为学生未来发展奠定坚实的基础,实现学校的科学发展。

3.终身学习

"人不学无以立",校长是师者之师,应该有丰厚的学养。好的校长首先要有读书学习的意识,一个好学的人不一定能当校长,但一个校长必须是好学的人。校长要树立终身学习的观念。正如诗人策兰所说"眼睛说服了盲目",阅读无疑是摆脱心灵暗夜、指引光明的一条路。校长应该培养自己的读书习惯:一要读教育经典,提升自己的理论层次;二要读教育报刊,了解同行在思考什么,并用自己的方式保持激情;三要读人文书籍,拓展自己的人文视野,以提升自己的人文素养和文笔才华;四要读中学生写的和为中学生写的书,走近学生的心灵,贴近学生的实际;五要读边缘学科,吸取精华,兼容并蓄,使自己成为复合型人才;六要读历史地理,了解大千世界古往今来,知人生悲欢,世事变迁,洞悉未来。勤于读书,笔耕不辍应该成为校长的生活习惯和主要的生活内容。校长要在做中学,在学中做。校长的工作过程本身就是一个学习的过程,和师生员工的交流、处理棘手的事情、深入了解教学改革的情况,在这些过程中,如果善于倾听、留心记忆、主动提问,就很容易发现新的知识点、了解新的动态,进而找到需要学习的重点问题,如果需要,再更进一步地去学习。同时,学习的过程也是工作的过程。校长由于工作需要经常要接触新事物,从不了解,到开始认识,再到熟练掌握,这也是不断学习的过程。

这些年来笔者一直认为只有坚持读书才能不断充实自我,了解学生、教师所想所思,进而获取新的知识,更新管理观念。2008年,笔者参加了江西省首届校长高级研修班,学习一年;2011年参加国家教育行政学院组织的为期一月的校长培训,同时近些年来,也不断在国内国外高等院校进行访学研究,吸取高等院校优秀的办学理念和教学模式。另外,近年来,笔者阅读了《新教育》《教育理想与信念》《为了自由呼吸的教育》《学生第一》《人生为一大事而来》《送给教师的心灵鸡汤》《教师的100条建议》《做最好的教师》《班主任工作漫谈》,以及周国平先生、余秋雨先生等名家书籍,从文学、管理、哲学等角度提升理论层次,结合实际了解教育改革现状,为九江三中未来的办学模式、管理角度、师生员工交流等方面进行细致规划和创新。

近年阅读感悟

　　校长并不只是学校的管理者,同时也是学校精神文化的带头人。校长必须视野开阔,观念更新,不断学习新知识。通过学习增强底气,陶冶雅气,涵养文气,从而形成果敢精练、温文尔雅、为人师表的独特气质,进而成为一名学者型、专家型的现代校长。

　　一个好的校长不仅仅要对教育教学有独树一帜的管理方法,同时也要对学校的精神文化有一定导向作用。季美林先生的《中国精神中国人》之作中,从老一辈知识分子角度阐述什么是爱国主义,什么是中国傲骨,紧密契合当下的中国梦、中国精神、爱国主义、中华文化复兴等主题,为年轻一代做了精神楷模。也正是因为此书使我更加重视民族精神对新一代的重要影响,以及对加强校园爱国主义精神教育有了新的启发。九江三中的宣传板每周都会有校长语录,语句虽然在变化,但是内容主旨是不变的——感悟人生,珍惜生命。感悟人生,对人生的问题进行思考和卓见是周国平先生《人生哲思录》的主旨,从生活实际出发,用精炼简明的语言强调真性情、真兴趣,很容易让普通人对话题产生共鸣。生命具有不可重复性,要更加珍惜生命;人生短暂,要合理利用时间,回归简单生活必须有一颗淳朴的心。现在的生活节奏加快,无论是工作者还是学生在忙碌的生活中常常会无法适应愈发加快的生活速度,继而迷失自我。肯定自我价值,在浮躁中沉淀自己因此显得愈发珍贵。《灵魂只能独行》中周国平先生通过对古代哲人言行的赘述,对人生所面临问题的思考,阐释了哲学在我们人生和社会中的意义,富有智慧和启迪性。团队合作必然重要,但是当一个集体按照一个口令齐步走的时候,灵魂不在场。当若干人朝着一个具体的目的地结伴而行,灵魂也不在场。重视团体的同时也要注重个人,肯定精神生活的独立价值。对于学校来说,如何重视团队的同时不忽略精神独立性这是值得校长深思的。

除了在哲学上的深思之外,校长同样需要注重文化修养的提升,了解历史,感悟人生悲欢,洞悉未来。余秋雨先生《文化苦旅》一书中以散文的形式对历史、文化加以阐述,使世人重拾中华文化价值,以散文形式阐述历史,在美妙的文字中将读者带入历史文化长河,启迪哲思,引发情致,具有极高的审美价值和史学、文化价值。另一本《中国文脉》中,从《诗经》讲起,到春秋战国时期的"百家争鸣"及楚辞,再到秦汉时期的大一统与书同文对文学的影响,汉赋及"无韵离骚"《史记》,魏晋时期的三曹及"竹林七贤"等文人雅士的诗作文采,再到唐宋诗词,元曲及明清小说,一气呵成,使历史与现实相沟通,文理与形象相交融,为广大读者解读了中国文化的演化过程。在接受国外精髓思想的同时,更要重视对自身文化的深刻体悟和感知,对历史的深刻认同和敬仰。这样的书籍不仅具有极高的审美价值,同样具有极高的史学、文化价值,对拓展自身才华,培养文学素养有极大帮助。

校长对学校的管理不只是对学校的运行模式进行管理,也要对教师、职工进行相应的管理,确定学校现行的运行模式是否与当今社会运行相符,是否对学校未来的发展有一定推动作用。李希贵先生的《为了自由呼吸的教育》一书以宣传当代教育家事迹,反映教育家成长和促进教育改革发展。其内容有乡村中学、穿越"雷区"、高密教育等。教育是一门科学,管理也是一门科学。可是教育和管理研究的对象是人,这是世界上最复杂的科学。教师是学校的中流砥柱,对教师如何完美投入工作,不为工作所累;既能使自己的身心得到最大的放松,又能舒适有效地完成教学工作在《送给教师的心灵鸡汤》中得到完美诠释,如何提高教师职业幸福感、降低职业倦怠感、解决自身心理负担方面是校长需要探求方法的。学校管理一方面涉及管理机制的高效运行,另一方面学校应形成自身的管理模式。《人生为一大事而来》的作者刘彭芝在书中描述了自己如何实践着自己的办学理念,引领人大附中开辟了超常教育、创造教育的绿色通道;李希贵先生在《学生第一》中诠释了教育学的基本价值取向,试图创造一个真正属于孩子们的学校,给他们搭建舞台,提供空间,创造条件。希望在所有的教育教学包括管理活动中都能看到学生活跃的身影,推动孩子们能够慢慢地脱离家长和老师去自己做事情,为孩子们创造民主、自由、和谐的学习生活环境。严整、科学、极具前瞻性的教育理念,新颖的互动教学方式,学生自主学习的教育方式,民主科学的管理指导思想,引领了新一轮教育改革的方向是魏书生先生《班主任工作漫谈》的主旨。书中以班主任工作为主题,涵盖了教育、教学、管理的策略和实施方法,包括班主任的自身定位,学生综合素质的培养,高效学习方法,班级管理的人性化、自主化、个性化、特色化等,从指导思想到管理措施,再到工作细节,完美展现了作者独具一格的工作作风和人格力量。《班主任工作漫谈》情感厚重,风格平实,内容丰富,大量生动感人的事例让人身临其境,富于故事性、趣味性、启发性和可操作性。深刻的思考闪烁着智慧光芒,具有引人入胜的魅力和震撼人心的力量,对广大班主任,以及新上任教师具有极大的指导作用。

什么是教育? 教育为了谁? 教育改革的目的究竟是什么? 无论是校长还是教师,每一位教育者都会有此执念。《教师的100条建议》是教育类经典书籍。苏霍姆林斯基在书中以小学的实际问题为切入点,用自身实践去体验、诠释、发展教育观。既有关于教育实质的理论,也有自己在教育教学中的实例。书中指明了一种方向,作为教育者,怎样才是真正的鞠躬尽瘁。真正的教育史让学生动手,从实践中学习,从思考中实践。同时不放弃任何一个孩子,直到他找回学习的乐趣和信心,服务于社会。《做最好的教师》一书全方位阐释了李镇西先生的教育观、学生观、班级管理、学生思想工作、学生心理健康、语文教学的理念和实践。其中有的观点已经深入人心:"变语文教学为语文教育""集体主义教育是中学教育的核心""把班主任的权威转化为学生的集权威""让语文教学走进学生的心灵,让学生参与语文教学""班级管理要以'法治'取代'人治'""解放班主任和班主任的自我解放""童心是师爱之源""变应试语文为生活语文""德育观念的十大碰撞""教育呼吸民主、科学、个性""教育是心灵的艺术,民主是教育的灵魂"……其"爱心、民主"教育,素质教育的思想和实践让广大教师感动、哲服,"未来班"的模式演绎着教师的理想主义、浪漫主义情怀,令人向往,很多身处"迷茫"中的教师表示从中找到了方向,理解到何为教育,看到了未来和希望。《教育的理想与信念》是肖川历时10年写就的一本教育随笔。书中收录的60多篇文章,涉及教育学众多的重要领域和主题,包括教育的真义、教育的价值、教育与社会、教育与生活、课程与教学、道德教育、师生关系、教师的学习与成长等。力图用感性的文字表达理性的思考,用诗意的语言描绘多彩的教育世界,以真挚的情感讴歌人类之爱,以满腔的热情高扬教育的理想与信念。《教育的理想与信念》的独特之处在于:对教育世界中那些司空见惯、习以为常的现象,给予学理上的阐释,并发掘出其中的文化内涵与精神底蕴,从而收到以小见大、见微知著、以孔窥豹、洞幽察微的效果。随着经济的快速发展,人们对教育的要求也随着增加,新教育也如一把燎原之火扩散开来。新教育,意味着一种教育理想,一股教育激情,一份教育诗意,一项教育行动。朱永新先生的《新教育》阐释了新教育实验的理念、观点、方法和步骤,展示了美好愿景,阐述了实践感悟。是新教育实验的总结和指导,是教师改变方式、发现自我、创造价值的行动指南,是新教育实验的入门书。

4. 开拓创新

创新,是一个民族发展的不竭动力,教育发展的时代主题,也是教育事业发展充满生机活力的力量源泉。解决教育难题靠创新,推动教育发展也要靠创新。在教育创新的过程中,校长肩负着重要的责任和使命。校长是学校发展的引领者,一个创新的校长,才能带出一批创新的教师,才能带出一个创新的学校,才能培养出具有创新精神和创造能力的学生。九江三中创新文化建设,以打造文化品牌为重心,强力推进特色校园文化的建设,谋求师生生命质量的提升。全力打造幸福校园文化,弘扬和谐文化、诗会文化、讲坛文化、学习文化、健康文化,让文化浸润校园,让幸福走进每位师生的心田;九江三中创新青年教师培养,要求青年教师要一要做到"心中有目标,脑里有想法"。一年掌握规范,三年胜任熟练,五年成为骨干,七年能挑重担,做好自己的人生规划和教科研规划。二要从起点做起,做好"五个一":研读好一套教材、备好每一套教材、研究好一班学生、出好一套试卷、诚实上好每一节课;九江三中强力推进科研兴校的战略。以优化课堂教学为对象,强力推进教育四大元素的研究,谋求课堂教学效率的提升。课堂是学校教育的主阵地,九江三中以研究课堂教学为着力点,全力打造高效课堂。

（二）立威

"海纳百川,有容乃大;壁立千仞,无欲则刚"。此联为清末政治家林则徐任两广总督时在总督府衙题书的堂联,表明林则徐的浩然之气。作为一校之长也应有此浩然正气,才能树立威信。一是做到"无欲则刚""公生明,廉生威"。责在人先,利在人后;淡泊名利,率先垂范。因此说话有威信,做事有底气,这也就是古人说的"公则四通八达,私则偏向一隅"。强化服务意识,树立公仆形象。始终把服务教师、服务学生、服务社会作为神圣职责。坚持廉洁治校。坚持重要事项公开透明不搞暗箱操作,做到集体研究,会议表态。坚持八小时内外一样,人前人后如一;严格理财,厉行节约。坚持"收支两条线"和财务公开,严格遵守财务纪律,严格财务程序。二是做到"有容乃大"。器量放大,心胸放宽,记人之功,容人之过,这样才能团结各种不同的人才,听进各种不同的意见,保护、调动、发挥好大家的积极性、主动性和创造性。

（三）服人

爱是一切事业成功的基础,育人的工作尤其需要爱心。校长就要做到爱学校就像爱自己的家庭一样,想为学校而想,急为学校而急,做为学校而做。把所有的学校成员当成自己的家人,把学生当成自己的孩子,把教职工当成自己的兄弟姐妹。把培养好每个学生作为自己的责任,关心他们的点滴成长;把与教职工共事当做一种缘分,勇于并善于为职工排忧解难,坚持职工有所求,校长有所应,小事必须办,大事努力办。对待学校成员充满爱心,对待学校工作自然充满激情和干劲。不断提出新的奋斗目标,用激情去感染教师,教师用激情去感染学生,校长、教师、学生的激情融汇在一起,使学校充满蓬勃朝气和昂扬锐气。无限的人格魅力加上对学校对教育事业的爱心与热情,这是好校长必备的品质,是管理好一所学校的基础。

二、教育教学——学校管理的核心

作为教育者,校长既要做行家也要做实干家,治校办学必须抓住"教育教学"这个管理的核心,围绕提升教育教学质量的关键要素,一以贯之地把工作做细、做实、做深、做强,这样教学质量的稳固提升才能水到渠成。

(一)明确的导向

　　教学氛围是随着学校教学活动的发展而逐渐形成的,它一旦确立就会对教学活动产生巨大的影响力和导向性。在营造良好教学氛围的过程中,九江三中始终把牢一个坚持,牢固树立三个观点,即质量生存观、荣辱与共观和工作第一观,引领全体教职工共同为学校教学质量的提升而不懈工作。质量生存观要以质量立校,做到吃得苦,抓得实,同时牢牢抓住学校教育教学质量这一中心,在思想、职责、措施乃至对成果的监控上全面跟进,促使学校教风、学风、校风和教学质量的全面提升。荣辱与共观是增强教师和学生对九江三中的认同感和归属感,形成"人校一体",让老师们认识到学校的发展离不开大家的共同努力,使他们对九江三中的发展和不断取得的成绩充满激情并为之努力,以能够成为九江三中的一员为荣。而工作第一观就是要让老师们既要教好书,更要育好人,立足本职工作,要让所有老师都知道学校领导所看重的是学校教育教学这个核心工作,自然也会看重那些勤勤恳恳工作在教学一线、能够挑起九江三中发展大梁和不断提升自己教育教学水平的教师。

(二)得力的措施

　　校长是学校的带头人,必须掌握较为全面、深刻的教育理论,按照教育规律去管理学校,办好学校,引领全体教师去"教书育人",他既是学校的管理者,更应是教师教学行为上的领跑者,要既在行又实在。

1.围绕教育教学优化资源配置

　　优美的教学环境、完善的教学设备和良好的教师办公环境是学校不断发展的支持力量,在对教育教学的投入中要不惜财力,一切为教学服务,一切为教学让路,一切为教学搭台。在资源配置上要坚持先进性、实用性和有效性的原则,先进性就是资源的配置要适应教学发展的需要,符合新课标的要求;实用性是要根据学校实际情况和教师的实际水平进行有针对性的配置;有效性则是要让资源的投入有看得见的效果,要让先进的教学资源有起来,更要让这些设备用起来、管起来。近几年九江三中尽管资金有限,但在教育教学的投入上却是绝不含糊,给全校老师装配了手提电脑,所有班级装备了多媒体投影,同时出台了一系列相应的管理制度。从设备的使用情况和效果来看,这样的投入不仅仅是让老师们去上一两节多媒体课,对教师信息素养和现代教育技术整体提升的作用更是不可估量的。

2. 坚持改革创新,构建校本特色

教育的改革创新是教育的生命力所在,是提升学校教学质量的不竭动力。教育的创新首先是思想观念上的,九江三中引领教师突破"只教书不育人"的传统,让老师们懂得:教书育人,教书是手段,育人是目的,而育人更要育心、育德。九江三中要求教师人人都掌握一套育人理念,还要掌握先进的育人方法和手段,抓住亲近教育学生的任何机会,开发学生的潜能,发展学生的个性,活跃学生的思想,激发学生的热情。与此同时还借鉴江苏洋思中学"先学后教,当堂训练"的课堂教学模式,变革陈旧的灌输模式,尊重学生学习的主体地位,"把学生引上自学的高速路",让每个学生都能自主学习、自主探索、自主发展,经过多年的坚持不仅学生的学习习惯、能力和效果有了明显提高,而且老师们在参与的过程中也受益良多。九江三中大力开发选修课程,为学生的个性发展开辟沃土。

3. 善用管理机制,激发教师活力

一是科学运用两种机制。制约机制要"密不透风",即规章制度要周全严密,有事有制,有岗有责;激励机制要"疏可走马",即为大家发挥主观能动性和创造性提供广阔的空间。校长要同时扮演好两个角色:在执行制约机制时,要"金刚怒目",敢于"管";在执行激励机制时,要"菩萨慈眉",善于"奖"。要表扬用"喇叭",批评用"电话"。二是均衡整合队伍,构建竞争格局。大而言之,要使管理层面的教务、政教、教研队伍并驾齐驱;小而言之,要使初中、高中各三个年级的师资齐头并进,乃至班主任和各科任教师的调配势均力敌。以此形成你追我赶、充满活力的奋进局面。三是要学会保护教师的工作积极性。"糊涂"也是一种管理智慧,对偶犯错误的教师只按制度处理,不必穷追不舍;对犯了错误又有悔意的老师,不必当面斥责,只作善意提醒;对存在不足和缺陷的老师及时责令其改正,不必动辄深究;对教学质量不高的教师也不要轻易"一棍子打死"。当然"装糊涂"也不能废制度。校长要时刻保持清醒头脑,糊涂得也要恰到好处,不露痕迹。

（三）有效的管理和协调

1. 敢于拍板作决策

校长的领导过程主要是实施决策的过程。当机立断的决策既是校长取得事业成功的一个重要条件，又是衡量校长领导水平高低的一个重要标志，既是一个领导者聪明才智的体现，也是班子集体智慧的体现。作为一把手，首先要善于决策，敢于决策，对影响学校发展的重大问题及管理过程中遇到的问题，要快速做出反应。及时了解情况，发现问题，分析因果，预测趋势，及时拍板。当然，这种决策不是个人的独断专行，是倾听广大教职工的意见，集纳班子集体的意见的基础上，进行梳理归纳分析、权衡利弊而做出的准确判断；"决断在己，成事在众"，一旦决策之后，就放手让大家去干，靠大家的共同努力把事情做成。

2. 咬定青山不放松

一是在检查落实上不放松。抓落实，是务实的重要体现。校长的务实，并不是体现在事必躬亲上，并不是事事一竿子插到底，具体的事情要放手让大家去做，校长的任务就是检查结果抓落实。奋始怠终，修业之贼；抓而不实，等于不抓。二是不随便拍脑袋，不朝令夕改。保持思路的一贯性，制度的延续性，决策的民主性。不意气用事，不随便表态。不要因人因事而忽发奇想，令从口出。三是认准了的事就必往深处做，往"新"里做。"咬定青山不放松"，要干就干出个名堂，终究能见成效。初中的"先学后教，当堂训练"的洋思教学模式，几年的坚持，结出累累硕果；青年教师的培养，从未间断，常做常新，一大批青年教师成为九江三中的中坚力量；高中体艺，遇到重重困难，但愈挫愈奋，坚韧不拔，硬是闯出了一条特色之路。

3. 学会统筹与协调

一是要有一盘棋思想，谋事、处事、决策都要着眼于全局：每个岗位都不可或缺，每个人都很重要，学会系统分析，统筹兼顾，不顾此失彼，得了芝麻丢了西瓜。二是要有前瞻性，走一步看五步，大而言之，就是要着眼于学校的长远发展；小而言之，处理问题要看长远，看是否留下后遗症，是否会破坏系统，产生新的矛盾。作为校长，在抓好常规管理的基础上，应该考虑学校如何进一步发展，如何提高办学的层次。用开阔的眼界和抱负，认真规划学校未来的发展。校长应善于提出学校各个时期的发展目标,并且把制订目标的过程变成动员、激励全体师生不断奋斗、进取的过程,以坚定的信念、锲而不舍的精神去实现自己的办学追求。校长必须提高自己分析和解决战略性、全局性、前瞻性问题的能力,这样才能凡事站得高,看得远,想得深,抓得准。三是要有协调能力。对学校工作而言,不协调主要表现在工作步调不一致、局部利益与整体利益发生冲突等方面,这些矛盾和问题影响或妨碍着全局工作的进行。在处理问题的过程中,要着力抓主要矛盾,协调上下,平衡左右,综合权衡。"对上多争取,对外多联系,对下多支持,中间多默契。""对上多争取",就是多争取上级领导部门的扶持;"对外多联系",就是广泛联系社会力量支持学校工作;"对下多支持",就是保护好、发挥好全体教职员工的积极性和创造性,全力支持部下的工作;"中间多默契"就是领导班子之间要团结,各部门之间要协作。方方面面的关系,诸多部门的工作如一个个琴键,校长协调好了,就如钢琴家朗朗一样行云流水,弹奏自如,校园就会流淌一支和谐的歌。

三、队伍建设——学校管理的重点

学校能不能获得较大发展,从某种意义上说,除了校长的顶层设计和思想引领以外,还有一个关键因素就是校长要充分挖掘和发挥每一个教职工的工作激情与潜能。教职工队伍是学校各项工作的主力军,教职工队伍素质的高低尤其是思想素质的高低直接影响到学校教职工工作热情和整体工作水平的发挥,关乎教育教学工作的可持续发展。一所好学校,必然有一批思想素质好、业务水平高的教师。一支团结、创新的教师队伍能使学校充满生机和活力。对于一个校长来说,建设这样一支队伍是所有工作中的重中之重。

(一)善于做相马的"伯乐"

用人首先要善于发现人才。从长处看人,世无无用之才;从短处看人,人人难逃平庸。要知道,金子埋在土里就永远发不了光。因此,选拔使用人才,管理者应该独具慧眼,观念与思路一变,眼里就会满地是人才,把人才挖掘出来,就会会有更多的千里马奔腾起来。校长要有一双察人之长,容人之短的慧眼。人无全才,识人用人均不可求全责备,不要以己之长比人之短,而要以己之短比人之长,这样才能发现人才,自己也会不断完善和进步。校长要坚持以人为本,认同并容忍教师的个性和缺点,尊重人、理解人、激励人、发展人、成就人,用心营造宽厚、宽容、仁爱、人文的校园情境,让每一位教师、每一名学生都能享受到阳光的照耀,雨露的滋润,感受到生命成长的快乐。

截至2014年,九江三中共有教师339名,其中研究生学历教师共有60多人,近两年来,进入九江三中的教师基本为研究生学历。学校师资以中青年教师为主。在招纳、聘用师资方面,其一,广纳年轻教师,目的在于赋予学校新的活力与新的教学方法;其二,教学能力突出、教学能力优秀的同时,九江三中更重视教师做人道德修养。教师的责任心、吃苦精神、对专业的热爱是九江三中教师的普遍特点。为建设好教师队伍,九江三中采取了多种模式:教师琥珀论坛、竞聘上岗、读书节活动、培训学习等多种活动,这不仅丰富了教师业余生活,同时也对教师的教学能力、育人能力有了更高要求。针对年轻教师经验较少的情况,九江三中采取结对子、导师制等模式,年轻教师可以吸取教龄长久教师的丰富经验,学习教书育人方法。在对年轻教师进行培养过程中,九江三中善于发现其优点和闪光点,并针对此优点进行个性发展培养。

(二)更善于做培养千里马的"马夫"

校长不仅要会"相马",还要善于培养"千里马"。一个善于引领教师成长的校长应当具有帮助教师提炼、提升教育教学经验的能力,校长要成为教育教学的行家,要有引领教师发展的知识,才能取得教育教学管理的话语权,才能帮助教师去提炼和提升教育教学经验,才能指导教师制订好个人的即满足学校发展需要,又符合个人发展实际情况的发展规划,引领教师专业成长。如果一所学校的老师都注重积极思考、研究,并不断实践,反思、总结,并有自己的科研领域和教育教学专长,那就会形成自己的教学思想。而校长要通过尊重、信任、指导、激励、评价等不断为教师搭建发展平台。九江三中的教代会就是为九江三中教师提供的民主平台,决策前讲民主,决策时讲集中,决策后讲纪律;坚持以人为本,与教师建立民主平等的同事关系,做到尊重人、理解人、发展人;坚持以理服人,以情动人,以人格魅力影响人。关心教职工的工作和生活,让教职工时刻感受组织的温暖。由于教师工作压力普遍较大,容易有职业倦怠感,对此九江三中为教师每年组织相关活动并组织相应运动协会;另外,学校领导关心教师,年轻教师成家问题、贫寒教师家庭问题均在领导班子成员关心范围内,力求在工作、生活中处处关怀教师,尽一切努力提升九江三中教师职业幸福感。

　　九江三中的管理结构有三层,一是学校领导班子,主管行政的校长、主管党务的党总支书记和6位分管不同工作的副校长和校长助理;二是分管不同工作的学校中层干部;三是年级组;科室分得比较细致,有政教处、教务处、总务处、办公室、督导室、外事办、学生资助中心、学生生活指导室、心理辅导室等10多个科室。校长在选择中层干部时,要让那些教学业绩突出、工作能力强,有事业心,有良好群众基础的教师充实到中层队伍中来,通过他们的示范作用,引领和带动其他教师。在实际工作中注重发挥每个班子成员的聪明才智,努力营造"知无不言、言无不尽""闻过则喜"的民主氛围,集中智慧,凝聚力量。在管理文化方面,九江三中提出"以人为本,刚柔并济,间融合和,诚正仁爱"的管理模式,以"和"为管理核心,重视沟通在管理中的作用,建立科学的管理体系,坚持三大管理模式,健全内部管理制度,力求有事有制,有岗有责,并从制度管理向人文管理过渡。以换位思考作为管理的核心理念,宏观指导为主导模式,充分信任班子成员能力,放手让他们工作;坚持以人为本,尊重班子成员,和他们平等相处;理解班子成员,勇于为他们承担责任。倡导干部争做"六者型"干部:制度落实者、责任担当者、忠实服务者、成长激励者、和谐维护者、精神引领者。着力营造和谐阳光的人文环境,让教职工在民主宽松的氛围中愉快工作。

四、办学思想和发展规划——学校管理的方向

　　九江三中本着育人为本的理念,提出"办适合学生发展的教育"和"教育为人生"的办学思想。

　　"办适合学生发展的教育"是九江三中一直提倡的办学思想。此思想不仅仅是落实国家开课标准,也是在教育教学过程中九江三中坚持面向全体

学生,让每一位学生在九江三中得到充分的发展,充分享受求知乐趣的教学理念。什么是办适合学生发展的教育? 一为办全面发展的教育。九江三中重视学生的全面发展,所有年级开齐所有课程,如体育、音乐、美术课程,即使是毕业班也不会取消相应课程。在完成教学任务同时,九江三中组织初中、高中分年级编撰古典诗词书籍,定期进行读背检验,鼓励学生探求古典文化,弘扬民族精神。二为办符合学生个性发展的教育。九江三中的办学特色在于体艺双馨,学校不仅设有艺术特长班还有体育培训、合唱班等多种培训课程班级,使学生能够做到"两条腿"走路,每年九江三中体艺生有150多人被二本以上院校录取。九江三中全面注重学生有什么专长,学校必培养什么专长,一切为了学生的发展而努力。三为办分层次的教育。九江三中将学生划分为三个班级层次——985班级、重点班级和普通班级,并不意味着将学生划分为三六九等,教育是没有阶层的。不同学生有不同的个性,对于教育学生来说,也应该寻找适合他们的教学模式进而因材施教,更好地使学生在学校学习生活中找到合适的定位,增加求知的欲望和乐趣。

"教育为人生"的办学思想同样是九江三中一直坚持并实施的。笔者认为教育的根本首先在于明确教育为了谁。办学教学育人的一切出发点、目标都是学生。学生需要什么,学校就补充给学生什么,学生是第一位。以学校宏观角度,学校环境、办学配置,以及师资状态都是为了学生服务。教育为了学生的什么? 是为了学生的人生。为了学生未来能有健全的人格、美好幸福的人生,以及良好的价值观。

校长有了明确的、科学的办学理念和办学思想,就为校长真正成为思想的领导者奠定了基础,但是校长要从思想上引领学校的发展,还必须在正确办学思想的指导下,对学校的发展进行战略思考,并结合学校实际提出学校办学思路。学校的办学思路就是学校的办学纲领,如果校长能提出符合学校实际发展的办学思路,那么学校的发展就有了航标和线路图,校长作为思想的领导者角色的任务才能完成。笔者在九江三中办学过程中提出以下治校思路。

(一)提炼学校精神

"拼搏进取,不甘落后;团结奉献,争创一流;爱校敬业,追求卓越"是九江三中文化的内核,是九江三中人的工作习惯、生活方式和个性品质。她是一种惯性,更是一种自觉;是一种自信,更是一种自强。九江三中办学没有生源优势,也没有底蕴优势,但九江三中能在重点中学中争得应有地位,关键在于一代又一代九江三中人的拼搏进取,爱校敬业。"三中精神"也赢得了广大市民的广泛认同和普遍赞誉,这成为广大家长把孩子托付给九江三中的重要因素。"三中精神"是治校办学的法宝,是个人和团队持续发展的支柱。在全校师生中弘扬九江三中精神,让它内化成为九江三中人的气质和行动。

(二)抓好"五四三二一"工程

在深入学习国务院颁布《国家中长期教育改革和发展规划纲要 2010—2020 年》文件的基础上,基于对九江三中办学思想,管理模式的认知,笔者针对九江三中的管理轨迹,从中意识到"文化强国""文化强校"的重要性,继而提出 2012—2017 年《坚持文化创新,构建人文殿堂》五年发展规划,将九江三中管理模式由人治转变为制度管理,由制度管理继而向文化管理发展,"文化治校"作为整体方针,以"三中精神"为引领,以"办适合学生发展的教育"为梦想,用创新努力优化师生共长环境,不断提升教师幸福指数,强力助推学生全面发展。近年来,九江三中严抓五年规划中提出的"五四三二一"工程,即强化五大传统,狠抓四个重点,落实三个支撑,做强两大特色,实现一大跨越。

坚持文化创新　构建人文殿堂
——九江三中 2012—2017 年发展规划

前言

2011—2015 年,是全面建成小康社会的关键时期,是深化改革开放、加快转变经济发展方式的攻坚时期。这五年,践行科学发展观,构建和谐社会,实施科教兴国、文化强国战略,积极推进科技创新、文化创新,将成为新一轮发展的重要举措。政治经济文化发展的新形势,九江教育现代化建设的新要求,为我校发展带来了新机遇和新挑战。因此,认清形势,把握机遇,迎接挑战,是我校谋求生存发展的必然之举。

2012—2017年,我们将以"在样本学校中带头,在重点高中建设中领先,市内树品牌,省里创一流,国内有影响,有国际视野和现代气息,从而成为既有老校传统特色,又有现代教育风采的名校"为目标,进一步完善办学环境,进一步打造学习型师资队伍,进一步加强教育、教学、科研、管理的能力,努力建设家园、花园、乐园一体化的学校,积极营造校园书香氛围,为造福一方百姓,办人民满意教育而不懈求索。

为使我校在"十二五"期间更加持续、健康、协调、全面地发展,特制订本发展规划。

第一部分　办学思想

【指导思想】

(1)以党的"十八大"精神为指针,以《2010—2020年国家教育发展规划纲要》为指导,认真贯彻落实文化强国战略,立足本校发展实际,进一步解放思想,深化改革,本着积极、务实、开拓、稳健的原则制定本规划,力争通过这五年的不懈努力,把九江三中建成能满足二十一世纪要求的创新型书香校园。

(2)坚持"师生发展为本"的思想,按照"校有特色、师有专长、生有特长"的办学思路,充分拓展师生个性发展的空间;坚持把优秀的校园传统文化和创建实验性示范性高中实践新的追求相融合,全面推进素质教育;坚持校情生源实际潜心探索符合学校特点的办学模式,深化教学改革,大面积提高教育质量。

(3)以"拼搏进取,不甘落后;团结奉献,争创一流;爱校敬业,追求卓越"为九江三中精神,聚集传统之精华,整合现代之特色,使九江三中精神在新的时代不断赋予新的内涵,不断与时俱进,不断发扬光大。

(4)大力倡导和谐共事、奋力干事、齐心谋事、干净成事的氛围,做到学习不浮躁,工作少功利,评价莫偏颇,走"科研兴教、科研强师、内涵发展"之路,提升教职工的幸福指数,激励学生的自主发展。

一、办学目标

(1)办好文理科培优班。

(2)办好理科985班。

(3)培养好体艺特长生。

(4)追求一流的办学效率,培养一流的优秀人才。

(5)高分进高分出,低分进高兴出。

(6)做一流教研型、学者型、专家型的优秀教师。

(7)在全面推进素质教育中紧握生情和时代脉搏,在学校传统的"素质八宝"即成绩优秀、勇于创新、合作竞争、毅力坚韧、观念明朗、健康坦荡、情趣高尚、自律自强的基础上,创立、丰富新的"八大素质"——身体素质、心理素质、智能素质、道德素质、审美素质、交往素质、竞争素质——的教育内涵。

(8)坚守质量根本,瞄准"做强初中,做优高中"的目标,在生源出质量、名师出质量、管理出质量、效率出质量上下工夫,求实创新,五策并举,强力推进质量提升。以打造名师团队为目标,强力推进青年教师的培养,谋求服务学生水平的提升;以优化育人环境为方向,强力推进学段间的联动,谋求发展环境质量的提升;以提高管理效率为目的,强力推进各项管理的建设,谋求学校管理品质的提升;以优化课堂教学为对象,强力推进教育四大元素的研究,谋求课堂教学效率的提升;以打造文化品牌为重心,强力推进特色校园文化的建设,谋求师生生命质量的提升。

(9)市内树品牌,省里创一流,国内有影响,有国际视野和现代气息。

(10)力求五年之后,校园环境更美,管理更富有特色,文化氛围更为浓厚,能够为更多学生提供优质教育。

二、办学理念

(1)教育是农业,精心培育适合每位学生发展的沃土:种植特色文化,让学生自由呼吸弥漫在空气里的文化的芳香;培育高尚师德,让学生充分享受照耀在沃土上的阳光的温暖;培植优质师资,让学生尽情吮吸丰盈生命的知识的琼浆;开辟个性沃土,让学生激情张扬个性发展的生命的精彩。

(2)(办学理念)办适合学生发展的教育。

(3)(管理理念)以人为本,刚柔相济;兼容和合,诚正仁爱。

(4)(管理要诀)沟通是基础,服务是根本,激励是重点,引领是关键。

(5)(办学特色)德才至善,人文见长;文理并进,体艺双馨。

(6)坚持三大管理——走动式管理、精细化管理、人文性管理;坚持三大结合——精神引领和制度规范相结合、过程管理和终端控制相结合(过程讲精细、终端讲激励)、层级管理和具体管理相结合(层级管理重分工、具体管理重职责);实现三个强化——教学常规管理(备课、上课、辅导、检测、作业)、德育常规管理(养成教育)、教研常规管理(备课组建设)。

(7)校长炼成"五"素养,达到三境界。五素养:无欲则刚,有容乃大;有人文情怀,重工作,也重感情;处事公道正派;思想深邃,精神强大;温文儒雅,有学者气质。三境界:能静得下来的心理境界;能沉得下去的工作境界;能稳得住人的道德境界。

(8)干部争做"六者型"干部:制度落实者、责任担当者、忠实服务者、成长激励者、和谐维护者、精神引领者。

(9)教师应崇真,尚善,求美,有爱,努力做真的追寻者、善的传播者、美的创造者、爱的拥有者。

(10)全体教职工应有的三意识:追求至善,争先进位,敢为人先;慢进则退,不快则废,不进则亡;只为成功想办法,不为失败找理由。

(11)在教师中倡导"三个第一"的理念:健康第一、工作第一、家庭第一。

(12)切实抓好"五四三二一"工程,即强化五大传统,狠抓四个重点,落实三个支撑,做强两大特色,实现一大跨越。

强化五大传统:①三大管理。②三大策略。③"三三"德育模式。④"三三"教学模式。⑤常规教学"十字方针"、班主任工作"六要求"。

狠抓四个重点:①把培养品德高尚、教艺精湛的教师队伍作为学校发展的重中之重。②把打造环境优雅、氛围和谐的书香校园作为学校建设的永恒主题。③把强化年级部的基层管理和学校三大管理紧密结合作为提升管理常规的有效手段。④把强化教育科研,落实并优化教研组,备课组活动作为提升课堂效率的长效机制。

落实三个支撑:①对干部严爱相济,积极培养业务素质和管理水平,为学校快速发展提供管理支撑。②对教师关心备至,竭诚提升教师的幸福指数和专业素养,为学校持续发展提供资源支撑。③对优生强力引进,强化保优控流,倾心尽力培养,为学校高品味发展提供品牌支撑。

做强两大特色:①体艺特色。②文化特色。

实现一大跨越:力争三到五年内解决校园拥挤问题。扩大校园面积,增大校园容量,真正实现学校发展的良性循环。

第二部分　品德教育

【指导思想】

以"三三"德育模式的全面实施为载体,外引内联,构建德育大网络,为学生未来发展奠定思想之基。

一、德育工作

德育常规目标:

(1)培养学生具有坚定的政治方向,拥护中国共产党,热爱祖国,并使之初步形成正确的人生观、价值观、世界观。

(2)培养学生具有良好的文明行为习惯和环保意识,有较强的现代公民道德意识。

(3)培养学生学会生活、学会做人、学会感恩、有自我教育的意识和能力。

德育发展目标:

(1)培养学生具有终身健康(健康的身体、健全的心理、健美的人格)、终身学习(基础性学习、发展性学习、创造性学习)、终身发展的基础,具有自为、自律、自主、自创的意识和能力。

(2)培养学生具有独特的人格魅力,成为充满自信、关爱他人、善于合作、乐于奉献的人。

德育工作内容:

加强爱党、爱社会主义的理想信念教育,强化以爱国主义为核心,以国家意识、文化认同、公民人格教育为重点的民族精神教育,以公民道德和法制教育为重点,突出诚信教育、感恩教育、人文教育和文明教育,以科学精神与人文素质培养为支撑,提升科学精神,增强人文底蕴,规范学生的行为习惯,培养良好的道德品质,以生命教育和心理健康为基础,引导学生认识生命,珍惜生命,尊重生命,关爱生命,培养健康人格。

德育工作途径:

学校坚持把德育工作放在一切工作的首位,以创新的精神改进德育工作,逐步建立和完善德育工作的现代化体系,增强德育工作的实效性。全体干部和教师要树立全员德育观和大德育观,全面实施"三三"德育模式,即工作中坚持"主力军、主阵地、主渠道(班主任是德育的主力军,班会是德育的主阵地,课堂教学是德育的主渠道)相结合,学校、家庭、社会相结合,宏观、中观、微观(德育工作有宏观思考,中观上抓德育文化建设,微观上狠抓落实)相结合"的三三结合原则。

全面实施"三三"德育模式要做到"七要":

(1)德育目标要层次化。不同年级制订不同的德育目标要求。

(2)德育内容要系列化。以"学会做人、学会做事、学会学习、学会健体、学会生存、学会创新"为培养目标,根据学生不同年龄阶段的身心特点、知识水平和品德形成发展规律,制订由浅入深,由低到高,由近及远,由具体到抽象,由感性到理性,螺旋式上升,科学化、系统化、规范化,相对稳定的德育教育体系方案。具体实施要以五大要素(即道德教育、法纪教育、心理教育、思想教育、政治教育)为纬,以各项要素的不同层次为经,按照整体性、有序性、动态性的原则,把它们有机地结合起来。

(3)德育活动要制度化。如建立、完善如升国旗、班会、团队活动、时事报告等制度等。

(4)德育考评要科学化。要依据中学生日常行为规范和德育大纲,制订各个年级的德育考核质量标准,实行全方位的定性与定量的考核,形成德育质量检测体系,发挥德育考评的导向、激励和调控作用。

(5)校风建设要制度化。校风建设方面要在细微处做文章,持之以恒地抓好养成教育,要有"好习惯就是好学生,有进步就是好学生"的意识。

(6)德育教育应主体化。即让学生唱主角,让学生自我教育,自主管理,自我发展,塑造人格。

(7)德育渠道网络化。即建立学校主导教育、家庭配合教育、社会协同教育、学生自主教育密切结合的德育体系。

具体来说,注重以下途径做好德育工作。

1.课堂教学

(1)政治和品德课。初、高中品德、政治课是培养学生社会主义思想品德和正确的政治思想教育的一门课程。它以课堂教学为主要形式,以马克思主义、毛泽东思想、邓小平理论、"三个代表"和科学发展观为指导的理论观点,用社会科学基础知识武装学生,逐步提高学生的思想政治觉悟和认识能力,培养他们的社会主义道德品质。

(2)其他各科教学。学科教学影响学生进行思想品德的最基本的途径,它对培养学生的思想道德素质具有重要作用,所有科任老师都要教书育人,寓思想道德品质教育于各教学环节之中,在日常教学中,培养学生正确的学习动机的学习态度、学习习惯和良好的学风与意志品格。文科教学,应结合学科的特点,有计划地对学生进行爱国主义和共同理想教育,尤其是语文学科要突出国学精神,增强人与自然、人与社会和谐共处的意识。理科要注意培养学生实事求是、勇于探索的科学精神,帮助学生学习和树立辩证唯物主义的基本观点。

2.班主任

班级是进行德育的基石,班主任是进行日常思想品德教育和指导学生的健康成长的核心力量。

(1)建立培训制度。建立班主任校本培训模式,将班主任布置事务性例会改为主题交流培训会议。结合学期阶段特点,开展培训,试行班主任研修制度:每年召开德育工作经验交流会;每年邀请全国知名德育专家来校给班主任培训;每年选派 1~2 位优秀班主任外出学习和进修,接受高层培训;每年选派1/4左右的班主任参加市级培训。同时继续实施好"结对子"工程,实行优秀班主任帮带青年班主任的模式,培养大量班主任的后备力量,使之制度化、常态化。

(2)完善考核制度。改进《九江三中班集体建设量化考核制度》《九江三中班主任工作考核制度》,突出过程管理,体现评价制度的引领作用。

(3)建立激励机制。鼓励班主任发扬奉献精神。同时提高班主任的待遇,建立优秀班主任评选制度,设立"优秀班主任"制度,即在本校担任班主任累计 10 年的优秀班主任,学校授予"优秀班主任"荣誉称号,继续担任班主任,并履行相关义务的老师享受每学年一定金额的特殊津贴。凡是年度评为优秀班主任的,在评定职称等方面在同等条件下享有优先权。

3.共青团、学生会

共青团、学生会是学生自己的组织,是学校德育工作中一支最有生气的力量。团委、学生会应根据工作任务和工作特点,充分发挥各自的作用,通过健康、向上有益、生动活泼的活动,把广大青少年吸引到自己周围,配合学校落实德育的目标,引导学生树立远大理想和良好的道德风尚,继承革命传统,发扬学校勤奋好的优良学风,学会自我教育、自我管理、自我发展。

4. 课外活动课

寓教于活动之中,是促进学生全面发展和身心健康的重要途径。学校和班级应有计划地在课余开展各种有益于学生自我发展、自我教育、增长才干、提高品位的各种活动(包括课外兴趣和各种竞赛活动),培养学生的良好思想品质、意志性格和生活情趣,开发学生的创新能力和智力潜能。

5. 家庭教育

家庭对学生思想品德和心理素质的形成有重要的潜移默化作用。教师要通过家访、家长会、家长接待日,举办家长和班主任学校,开展家庭教育咨询,建立家长委员会等多种形式,密切联系家长,指导家长提高家庭教育的水平,探索家校联合的工作模式,闯出一条新路子。

6. 社会教育

社会教育是实现自我教育的又一重要途经。鼓励学生利用节假日深入社会调查研究,尤其是要引导学生关注民生,关注生命,关注环境。开展这一系列的征文比赛和演讲活动,提高学生的成人意识。

7. 环境育人

为学生创造一个高雅、优美、和谐、安全的学习环境,也是德育的新路子,调动一切有利因素搞好校园环境建设。

(1)平安校园建设。完善校园安全制。在各个环节中落实各种制度,与有关部门净化校园周边环境,搞好一年一次的安全演示,上好有关安全课,提高学生自我保护意识,营造一个安全稳定的校园。

(2)绿色校园建设。倡导绝色理念,传播环保意识,打造绿色校园,提升绿色品位。

(3)人文校园建设。加强校园人文景观建设,通过花草树木、雕塑、宣传橱窗等设施,让学生身儒目染,潜移默化,形成具有学校特色的校园文化环境,真正起到环境育人的作用。

二、体育卫生工作

体育卫生工作目标:

(1)九江三中是江西省体育特色学校。我们不仅要把体育作为一种知识和运动技能,而且注重将体育作为一种文化,按照国家全民健身计划的有关精神,培养学生终身体育的观念和自觉锻炼的健身意识,普及体育知识和科学的体育锻炼方法。

(2)高标准贯彻"学校体育工作条例"和"学校卫生工作条例",养成学生良好的生活、卫生习惯,尤其是青少年青春期的卫生健康教育,控制近视发病率。

(3)努力使学校始终处于江西省中学界体育先进行列,保持省级足球等传统项目的优势。

体育卫生工作措施:

(1)充分利用九江三中多功能现代化体育馆的优势,促进学生身体素质的健康发育和成长,并在体育教育中,培养学生奋发向上的精神和集体主义的思想。

(2)努力提高体育课的上课质量,通过体育课、广播操、眼保健操、课外活动、体育节有效地提高学生的身体素质,体育知识和运动技能。

(3)有层次地抓好各类运动队,确定足球队、田径队、篮球队、排球队、武术队为学校重点运动队,在人财物上加大投入力度,充分借鉴科学的训练方法,保持绝对优势的竞技水平。

(4)每年秋季举行体育节。

(5)在脚踏实地做好校内体育工作的同时,积极参与省市各类体育竞赛。

(6)健全学校红十字会组织,建设合乎国家标准和校医务室,提高校医务室人员的敬业精神,学历和医疗水平。

三、心理健康教育工作

建设好"阳光心理咨询室",配备专职心理教师,开设心理辅导课。每位班主任都应为市心理学会会员。加强心理咨询与班主任和学科教师的联系,提高心理咨询质量,引进和推广课堂心理环境的课题研究成果,提高班主任对个别学生心理辅导的技巧,改善和优化师生关系,培养学生健康人格。

四、美育与劳动教育工作

美育与劳动教育工作目标:

(1)注重引导全体学生通过多种艺术形式和优秀艺术成果提高美育知

识,技能和美的欣赏水平,进而理解人类的生活和情感。全面培养学生的审美观念及欣赏能力,引导学生学会欣赏绘画、书法、音乐、诗歌等高雅艺术,引导学生有价值地度过闲暇生活,使学生能自由地表达思想情感,充分展示自己的才华,丰富学生的个性。

(2)培养学生正确的劳动观念、意识和态度,引导全体学生提高生活技能和劳动能力,增进对作为劳动者的人的理解,理解劳动与人类的关系,理解劳动者的价值、利益,权力和尊严,以便树立正确的劳动观和人生观,使学生热爱劳动人民,珍惜劳动成果,养成良好的劳动习惯和意识,并掌握一定的劳动技能。

美育与劳动教育工作措施:

(1)成立校艺术领导小组,努力营造浓郁的艺术氛围。

(2)加强艺术类课程的教学,通过必修课、讲座、观摩等形式,培养学生相关的知识和能力。

(3)以校合唱团、铜管乐团、舞蹈队、书法绘画美术小组为基础,拓宽课余艺术阵地。

(4)培养艺术类尖子学生,直接为有关院校输送特色新生。

(5)每年举办好谷雨诗会和艺术节。

(6)高一年级的社会实践活动做成特色、做成品牌。

(7)认真开设与组织劳动技术教育课,让学生既学习劳动技术知识,又参加一定的劳动技术实践,还让学生参加美化校园环境的劳动,每学期将设立"学生劳动先进"单项奖。

(8)根据不同年级的特点,创造条件,提供舞台,让学生参加一定的体力、手工劳动和自我劳动及社会公益劳动。

第三部分　教学教研

【指导思想】

以"三三"教学模式的深入探讨为抓手,广纳博引,强化教育科研,为学生未来发展奠定知识之基。

要做到这一点,应坚持一个中心,三个面向,五个要质量的工作思路,就是要以教育教学为中心,面向全体学生,面向全部学科,面向学生未来的发展,向严格的教育管理要质量,向一流的敬业精神要质量,向扎实的各科教研要质量,向各科竞赛要质量,向各项教育教学活动要质量。

一、教学工作

教学工作常规目标:

(1)以学生为中心,尊重学生的个性和差异,注重学习策略与课堂效益,以学生的全面发展为本,教师在备、教、改、导、考、析等环节上,充分考虑学生的需要,充分尊重学生的意见和建议。

(2)培养学生的能力、才干、胆识。

(3)培养学生的良好学习习惯,开发学生的学习潜能,激发学生的求知欲望,引导学生学习创新。

教学工作发展目标:

(1)注意培养学生科学的思维方法。

(2)充分培养学生的创新精神和实践能力,发挥学生的创新精神和实践能力,发挥学生的主体性、探究性、参与性和自觉性,为其今后发展打下坚实的基础。

教学工作措施:

(1)打造一支复合型、研究型、学者型的教师队伍。

(2)五年内上岗教师学历要求100%本科,10%研究生学历,引进2~3名博士生。

(3)继续完善我校"启明星工程",要求青年教师一要做到"心中有目标,脑里有想法"——一年掌握规范,三年胜任熟练,五年成为骨干,七年能挑重担,做好自己的人生规划和教科研规划。二要从起点做起,做好"五个一":研读好一套教材、备好每一套教、研究好一班学生、认真出好一套试卷、诚实上好每一节课。坚持以人为本,立足开发每个教师的潜能。设立教学专项基金重奖教学骨干,重点开展名师队伍建设,在骨干教师的管理上,实行责任、义务、待遇并存,能者上、庸者下的机制。在校内,要求骨干教师有课题,能示范,承担讲座,指导教师的任务,开展"首席教师"的评选,同时为学有专长的老师,开辟"专家讲坛"平台,使他们学有所用,教有所长。

(4)充分利用现代信息技术。鼓励老师充分运用多媒体技术。制定切实可行的制度,推动教师运用现代教育技术的热情。

（5）加强教师理论进修。理论学习是教师业务发展的先导，学校继续为教师提供专业教学参考资料。教科研处每学期为全校教师发放前沿理论资料（《三中教育科研》），引导老师理性地思考教学问题，学会运用课改理论解决课改实践中出现的新问题。

（6）落实教师上岗的竞聘制，适当拉开收入差距。

（7）在全校各年级实行教学质量奖惩制度。

（8）根据形式变化，进行创新式改革。

教学过程管理及教学评价：

（1）强化教学过程管理。抓好备课、上课、作业、辅导、考试等五个环节。

（2）优化评价体系。①教学的评价：采取更科学、更人性化的评价途径和方法，充分发挥评价育人的功能，促进教师、学生积极主动地发展。通过教研手段不断加强评价机制的研究，从评价目标、评价方法、评价功能等方面构建适应学生发展的新体系。②教师的评价：从发展性原则出发，客观、全面、公正地评价教师。分别就教学态度、教学方法、教学手段、教学过程、教科研成果等方面采用量化考核方式进行评价，对毕业班教师教学质量评价另外制订发展性评价方案。③学生的评价：改革评价制度，逐步改变只以学生学业成绩优秀的观念及作法，尝试从多方面、多角度去评价一个学生，让每一个学生都赏到成功的喜悦，建立起对学习、生活的自信心。④年级部教学措施必须经教务处审核，同时年级组有接受教务处下达教学任务的义务，切实加强教务处教学管理的职能，以保证我校教学平稳、有序、科学地发展。

二、教研工作

教研指导思想：

全面落实科学发展观，确立教育科研为"发展教师、发展学生、发展学校"服务的工作方向，围绕"以'启明星'为手段，以学科竞赛为支点，以课题研究为载体"这一总体思路，进一步加强课题的有效研究与过程管理，积极开展校本教科研活动，推进课程改革，真正使教科研走向实践，走进每一位教师，力争使教科研工作有新的发展，新的突破，新的高度。

教研工作常规目标：

（1）强化教师的集体备课，在教研组、备课组内自然形成良好的教研氛围。

（2）大力开展中高考的研究，密切关注中高考出题动向，注意考试的分析评价。

（3）积极引领教师，围绕提高课堂教学质量开展教学研究。

（4）完善各项管理制度，规范教科研活动；着眼教师专业成长，培养教科研骨干；依托校园教研网络，提升教科研层次；抓实课题实施过程，物化教科研成果。

教研工作发展目标：

（1）人人有课题，30%的教师有市级课题，10%的教师有省级课题，5%的教师有国家级课题。

（2）用3~5年的时间，争取每位教师在市级以上报纸杂志至少发表一篇教研论文，全校形成崇尚科研的氛围。

教研工作具体措施：

1.打造教研兴校平台

（1）利用网络指导和服务教研。完善教研网面及《三中教育科研》的内容及板块，拓宽教师交流渠道，利用网络教研及《三中教育科研》平台凝聚教研力量。

（2）加强教研队伍建设。要求教师积极参与课程研究，先教学定位，再科研接轨。中青年教师要求走在教科研的前沿，通过教学探究和教学评比，强化其科研能力，并加速教学转型，从经验型转向科研型、专家型、学者型，同时每学期每一位教师撰写1~2篇较高质量的案例和论文进行交流。

（3）倡导读书活动，建设书香校园。每年读书节要有实效，不仅教师要读书，还要有目的、有计划、有步骤地引导学生读书。我们倡导教师阅读教育理论专著，掌握基本的教科研方法，牢固树立以学生为本，促进学生全面、和谐、持续发展的思想，并把理论内化为理念，用理念指导课题研究和教学实践。继续支持、鼓励教师参加学历教育、业务进修。

（4）依托校园网络，构建教研平台。为了充分发挥信息技术的作用，我们将依托校园网，加强建设教研组网站。

2.完善科研管理制度

（1）制定、完善一套符合学校实际，便于操作，以培养创新精神和实践能力为核心的教科研考核评价制度。每年度组织一次"我心目中的好老师"和"十佳青年教师"的评选活动。使考核评价、评选能激励教师从事教科研,以提高办学质量和办学品位。

(2)成立学术委员会。学校聘请专家、本校特级教师及具有较高科研能力的高级教师组成学术委员会。其职能是参与、指导或合作进行课题研究,规划课题方向,承担学校教育科学论文及其他优秀科研成果的评审工作,举办教科研大会等研讨活动,对全校教师科研进行学术指导。

(3)确定课题主攻方向,有针对性地开展课题研究。在教学中,要找出影响教学质量的瓶颈问题,明确研究方向,力创我校的精品课题。

(4)严格考核,激发活力。努力探索并制定适合学校特点的教科研激励机制,进一步修订和完善校本培训、教研活动、课题研究、教科研工作的相关制度。奖励教科研成果,激发教师的教科研热情,提升学校教科研的实力。

3. 主要工作

(1)加强业务学习。有步骤、有计划地组织校本培训,组织教师学习现代课程改革方面的教育教学科研理论,进一步提高我校教师的理论水平和科研水平。每年一次"走出去",到教育科研先进单位参观、学习、借鉴;每年一次"请进来",请有关专家、领导来我校举办教育科研讲座,进行教育实验工作指导。

(2)做好教育科研评比、奖励及推广工作。每学年进行一次优秀课题组评比活动,举行一次青年教师赛课评比,举行一次"琥珀杯教师基本功大赛"活动,举行一次琥珀论坛活动。每学年评选一次先进科研工作者,根据获奖等级,学校发给证书和奖金。每学年出版两期《三中教育科研》,做好老师论文的征集、推荐发表工作。

(3)开展教师培训工作。抓实启明星工程,启动结对子工程、首席教师工程,加快培养教学骨干和名师。

(4)抓好竞赛辅导工作。根据主教练制,聘请老师安排竞赛辅导,对学生获奖按照有关规定给予辅导老师奖励。

(5)加强校本课程研究。校本课程开发应结合学校、学生、教师实际情况,服务于学校教育教学和学校管理。通过校本研究不断提高学校办学水平,促进教师的自我发展,培养创新人才。

第四部分　校园建设

【指导思想】

优化管理,美化校园,积淀文化,书香浓郁。

一、学校管理

学校管理目标:

优化学校管理,打造民主、和谐、奋进、高效的团队。

学校管理措施:

(1)在学校管理中,要实行以人为本、依法治校的管理思想,把全心全意依靠教职员工、调动教职员工的积极性创造性作为学校管理的出发点和落脚点,理解教职工的情感,关心教职工的疾苦,尊重教职工的劳动,支持教职工的工作,维护教职工的合法权益,不断增强学校的凝聚力。

(2)完善校长负责制,充分发挥党组织的保证监督作用,教代会的民主管理作用。完善议事程序和规则,注意发挥工会、民主党派在学校管理中的积极作用,参政议政,审议学校的重大决策,反映教职工的要求和建议。

(3)加强对干部的培养教育,严格要求,全面提高干部的政治业务素质,造就一批有公仆意识,全心全意为师生员工服务的爱教育、重事业、懂业务、会管理,办实事、创业绩,勤实践、善创造,诚待人、不谋私的德才兼备的现代化管理人才。

(4)教师中实行全员聘任制、岗位责任制、目标管理考核细则奖惩制、结构工资制。总的原则是强化竞争机制,以聘任制为突破口,建立高职低聘,低职高聘的运行机制。

(5)加强民主管理制度,增强民主意识,每年召开一次教职工代表大会,推行重大事项由学校教代会集体讨论通过执行的方式,强化学校管理的民主化进程。完善校务公开制度,增强对职称评聘、年度考核、评优评先、招生、重大决策和重要资金投入工作的透明度。加强财务管理,严格遵守财经制度。加强学校各项工作的规范化建设,使学校形成一种良性竞争的环境。

(6)想尽一切办法,通过正当途径,不断提高教职工的福利待遇,尽力改善教职工的工作条件,进一步美化教职工的工作环境和生活环境,让全体教职工切实感受到幸福指数不断提升。

(7)建立和完善信息化管理机制,2015年前实现校园内办公自动化,行政管理信息化。行政管理系统要逐渐实现办公室公文流转、请示汇报、短信通知、人事档案信息化;教务处考试报名信息化,网上成绩查询,课表排列电子化;图书管理网络化;政教处班级管理、学生奖惩信息化;能开展网络远程教学,实现20%的课程能进行网络教学,网上答疑;实现家长在网上查询学生信息。2017年信息中心逐渐建立网上虚拟实验室、虚拟图书馆、E网考勤机(实时在/离岗查询),使学校各部门逐渐走上信息高速公路这一快车道。

通过五年的努力,将九江三中教师队伍打造成民主、和谐、奋进、高效的团队。

二、校园环境建设

校园环境建设目标:

实现"校园、花园、乐园"三园一体化。

校园环境建设措施:

要充分发挥校园环境的育人功能,调动一切有利因素搞好校园环境建设,精心设计和布置校园,使整个校园成为一部立体的、多彩的、富有吸引力的教科书,真正实现"校园、花园、乐园"三园的一体化。

1.校园的改造

(1)进一步合理规划学校校舍的布局。

(2)打造一个安全稳定的校园。

(3)绿化、美化、亮化校园环境,创建花园式学校。根据情况,逐步在求真楼、求知楼、科技楼三座楼楼顶建设空中花园。

2.完善现代化教学装备

(1)积极筹措资金,为每位教师配置办公电脑。

(2)添置相关设备、力争建成校园电视台。

学校将逐步添置相关电视"采、编、播"设备,建成能真正具备采编、制作、播放有相当水准电视节目的校园电视台。

(3)校内无线上网,教学网上直播。在现有校园网的基础上,学校将根据实际需要,建设校内无线上网系统、无线卫星电视接收系统,形成有线无线相结合的校园网系统,实现功能强大的交互式闭路电视系统,以及与校园广播系统的结合。使校园网:①具有丰富的素材库、习题库,方便教师制作课件和备课;②能够自动生成试卷,进行在线备课和在线考试;③能够进行视频点播和课件点播;④师生能够远程登录,访问学校内网资源和实现网络存储功能。

建设中型的网络演播室,实现在演播室或教室内的教学活动的现场直播或录制、多教室多频道的放像、教室内计算机网络和视频网络的任意切换。

(4)建设数字化图书馆、多媒体化教室。建成学校数字化图书馆,使学校图书馆具备网上借阅功能,完善学校电子图书库,提高学校图书资源的利用率。建设1个可容纳65人的视听阅览室,师生在阅览室中能够查阅电子图书、学科素材、课件、教学论文、相关软件、百科知识以及影视、动画作品等等内容;具备强大的搜索引擎。继续完善各教室的多媒体设施,使其更好地服务于教师教学。

(5)建设现代化网络教室和语音室。装备有液晶显示器的网络教室是开展网络环境下教学活动、进行网络视频直播的必备设备。在老机房的基础上,升级再建2间各64座P4系列的网络教室;配置语音教室1间,服务于语音类的教育教学工作。在校园内配置公用计算机10台以上,电子公告牌1~2块。

(6)专用教室配备。按照新课程实验需要增添教学设施和设备,为新课程顺利实施提供物质条件保障。配置物理实验室、化学实验室、生物实验室、音乐室、美术室、历史室、地理室、劳技室、综合电教室、科学活动室、计算机室、软件制作室和电子阅览室等专用教室。为课程内容提供演示实验、学生实验、科学实践活动的场地,为开放式探究实验提供方便。

(7)图书馆。图书馆配套设施齐全,其中藏书室5个,教师资料阅览室1个,学生阅览室2个,教师资料、阅览室座位超过教师总数的30%,学生阅览室座位超过学生总数的15%。

三、校园文化建设

校园文化建设目标:

打造特色文化,厚实文化积淀。

校园文化建设措施:

　　一所好的学校应该有自己独特的校园文化,让学生有条件感受到特色文化的激励和熏染,才能在其健全的素质结构上留下鲜明的特征和印记。九江三中有着良好的办学传统,有自己的特色,形成了优良的校风、学风、教风,在未来的五年里,要在传统的基础上,进一步打造九江三中的特色文化——琥珀文化,厚实文化积淀。

　　(1)明确校训:崇真、尚善、求美、博爱。

　　(2)学校应努力创造一种团结、勤奋、求实、创新的校风;着力培养学生勤学苦练、多思、好问的学风;营造教师敬业、乐教、善诱、求真的教风。有了这些健康充实的良好风气,师生的言谈举止就有了规范的尺度和标准,就能在教育教学活动中敬业乐业,会学乐学,从而大大提高教育效能。

　　(3)以学生为主体,以学生发展为本,组织各类活动(包括学术、科技、艺术、体育、美术等),弘扬人文精神,继承和发扬三中传统。

　　(4)围绕人文见长的办学特色,在校园内修建一批特色景点设施,着意构建人文气息浓郁的校园环境。

　　以上规划经校代会讨论通过后予以实施。在未来的五年里,学校将以科学发展观为统领,全面贯彻落实"十八大"精神,为实现学校提出的"市内树品牌,省里创一流,国内有影响,有现代气息和国际视野"目标而努力奋斗!

九江市第三中学

2012 年 7 月

第二章　学校文化

　　学校文化是学校物质财富和精神财富的总称。学校文化是学校的灵魂,具有统帅作用。学校的办学思想、教育理念一旦成为全校师生的共同信念,就会体现在每个师生的价值取向、期望、态度、行为之中,体现在学校的各项活动之中。学校文化具有激励作用。优秀的学校文化总是有愿景、有期望,环境舒畅、人际关系融合、生活朝气蓬勃,会激励师生开拓进取,不怕困难,追求卓越,努力把学校的各项任务完成得出色。在这种优秀文化氛围中,全校师生有一种责任感、荣誉感,驱使他们努力教和学,不断创造新的经验和成绩。学校文化具有熔炉作用。传统的力量是无穷的,学校文化如果形成了传统,就会成为一股无形的力量,引导着师生的思维方式、生活态度、心理情趣和行为作风。师生会自动地,不假思索地按照学校的思维去思考,去行动。学校文化像一块学校的吸铁石,把师生员工凝聚在一起。学校文化又如一个大熔炉,学校里如果来了一位新成员,立即会熔化在这个文化传统之中。学校文化建设是长期的过程,是连续的过程。学校文化建设要继承前人建设的成果,同时要创新,随着时代的前进、社会的进步,不断创新。无论是继承还是创新,都要靠在校师生。

　　那么什么样的学校文化是优秀的学校文化? 什么样的学校文化能够引领学校发展呢? 在今天的校园里,孩子们并没有完全感到愉悦和幸福,他们觉得很苦,活得很累。孩子们喜欢求知,但不愿意去学校;喜欢读书,但不愿意上语文课;喜欢探讨科技奥妙,但不喜欢数理化;喜欢活动,但不喜欢体育……英国教育家、夏山学校的创立者尼尔这样问过:为什么孩子们上学之后,自由、快乐和幸福就离他们远了呢? 尼尔认为这是学校的原因,一般的学校都严重束缚了孩子们的思想。苏霍姆林斯基曾经这样讲:"在教学大纲和教科书中,规定了给予学生的各种知识,但却没有给予学生最宝贵的东西,这就是——幸福。理想的教育是,培养真正的人,让每一个自己培养出来的人都能幸福地度过一生。这就是教育应该追求的恒久性、终极性价值。"著名的教育家乌申斯基也曾说过:"教育的主要目的在于使学生获得幸福,不能为任何不相干的利益牺牲这种幸福,这一点是毋庸置疑的。"九江三中从著名教育家的教育思想中,找到了优质校园文化的真谛——幸福。

一、幸福教育的内涵

教育的对象是人,幸福教育就是要把教育的目的回归到人,定位在人的情感上,体现出教育对人的关照,其目的是培养人的幸福情感和幸福能力,培养能够发现幸福、创造幸福、享用幸福的人。幸福教育既不是一种口号,也不是一种教育模式,而是一种教育观念、教育追求和教育理想。幸福教育认为,一方面教育的结果是为了人的幸福,另一方面教育的过程是人体验幸福的过程。换句话说,为了学生的明天,意味着教育为学生未来的幸福生活做准备;为了学生的今天,意味着学生正在接受的教育过程本身是幸福的。一句话,教育就是幸福地教育学生如何得到幸福的生活。不仅给予孩子一个幸福童年,还要给予孩子一个幸福人生。孩子生活在校园里,是否感受到幸福,主要来自校园生活和课堂教学。因此,要打造"幸福校园",将"幸福教育"洒满校园的各个角落;建造"幸福课堂",把"幸福教育"落实到课堂教学中。孩子的幸福观、幸福品质和幸福能力主要从教师那里获得。因此要为教师创造"幸福生活",让"幸福教育"的甘露滋润每位教师的心田。让教师把教育当作幸福的活动,把教学工作当成幸福生活的源泉,才能保证学生最终享受幸福教育。

二、打造幸福校园

(一)创建浓郁的文化环境

文化的手段是无所不至的,良好的校园文化环境能于潜移默化之中感染人的情绪,陶冶人的情操,启迪人的智慧,美化人的心灵,从而完成对理想人格的塑造,收到"入芝兰之室,久而自芳""蓬生麻中,不扶自直"之效。因而,形成一种有利于受教育者把外来要求内化为自我要求,有利于启发他们的自觉及形成自我教育习惯的校园文化环境就显得十分必要,它是学校教育的一项基础建设。所谓校园文化环境建设,就是把教育意志转化为无处不在的教育环境,使教育的目标和内容成为学生生活环境不可分割的一部分,通过有意创设的环境导向与环境渗透成为被学生所理解、所接受、所习惯的社会现实,从而达到教育的目的。

九江三中提出"三园""四化",即花园、乐园、家园一体化,构建魅力校园;亮化、绿化、美化、香化一齐抓,打造书香校园。通过优化育人环境,谋求文化品位的不断提升。调动一切有利因素搞好校园环境建设,精心设计和布置校园,使整个校园成为一部立体的、多彩的、富有吸引力的教科书。合理划分功能区,精心搞好学校绿化,学校设置卫生包干区,由学生自主打扫卫生,培养学生绿化环保意识,构建绿色校园,为学生生活学习提供天然氧吧。体育场、健身器材的构建为学生提供了锻炼身体的最佳条件,使学生能够在学习的同时缓解学业压力、放松心情,对学生来讲,学校不仅仅是学习的课堂,同样也是娱乐身心的乐园。加强校园人文景观建设,通过花草树木、雕塑、宣传橱窗等设施,让学生身儒目染,潜移默化,形成具有学校特色的校园文化环境,真正起到环境育人的作用。如九江三中校园内的孔子汉白玉雕像,迎面而来的是"迎着朝阳上学,想一想今天做些什么";转身,便是"踏着夕阳回家,问一问今天学了什么"的温馨提示。掩映在校园绿树的"生命犹如铁钻,愈被敲打,愈能发出火花"。文化走廊上周幽王烽火戏诸侯等诚信故事,哭竹生笋、刻木事亲等孝道故事,陶渊明"勤学如春起之苗,不见其增,日有所长;辍学如磨刀之石,日有所亏"等名家劝学故事,文化灯箱上孔子"学而不思则罔,思而不学则殆"、老子"合抱之木,生于毫末;九尺之台,起于垒土;千里之行,始于足下"等名人名言,张衡、祖冲之等中国古代科学家的故事……宣传栏中实时更新名人名言,希望寄语,在生活的细小处对学生进行德育教育,构建文化校园。

(二)让学生成为校园的主人

以学生为本,培养学生的自主能力和创新能力,让学生成为校园的主人,九江三中把挖掘学生潜能,激发学生热情,培养学生自主和创新意识作为教育教学管理的最终目标。

第一,重构校园生活质量管理体系,把幸福的种子播满校园。放权让学生参与班级和校园管理,营造宽松、民主的氛围,充分行使民主权利,体验主人翁的自豪感。学校管理中让学生参与值周活动,检查学生进入校园的情况,如穿着校服、佩戴校卡、仪风仪表、骑车停车、迟到、带零食进校园等,学校课间操、眼保健操的检查也由学生打分并进行评价,学校的广播站管理、午休管理、卫生包干区的清扫保洁检查、宣传海报制作等工作也均由学生组织和直接参与。另外学校设有学生膳食会,针对食堂管理、菜品等方面由学生提出合理意见,民主参与学校管理当中。班级管理中教师注意班干的培养和选拔,实行班干轮流制,各班都有自己的节电小管家、卫生监督员、文明监督岗。同时在教师指导下,由学生会、班委会、团委会组织学生参与校风、学风、班风、教风、后勤等各项工作,主动想办法、提建议、搞监督,在全面的参与中,让学生以主人翁的姿态为学校发展出智出力,培养了学生强烈的主人翁责任感。

第二,放心让学生参与教学及各项评价。课堂教学应有这样的特点:凡是学生能做的教师从不越俎代庖,学生一时做不到的教师也会引导、组织学生去做,让每一个学生都感到重要。比如让学生代替老师命考试题目,甚至让学生参与教学的全过程:从备课、讲课、疑难问题的解答、命题考试、讲评整个过程全由学生做主角,最让人惊讶的是学生能根据课文内容自导自演一场场精彩的课本剧。学校还大胆地让学生自评、互评、评教学、评教师、评班主任,综合素质评价和学生诚信档案中都设置了学生自评方面的内容。这些既实现了学生的自我反思、自我激励,还增强了民主教学氛围,同时让学生展示了对教育教学的独特见解,实现了教学相长。

第三,放手让学生自己组织各项大型活动。学校的各种集会、疏散演习等均由学生组织整队,以及路口的引导与疏散。体育节中学生不仅是赛场上的主角,更活跃在纪律管理、宣传报道、卫生维护、后勤保障等诸多方面,场上场下都是学生的竞技场;艺术节上学生更是全方位地参与,内容应从以往单一的文艺汇演扩展为由演讲辩论大赛、课本剧大赛、书画大赛、临摹写生、游园活动、外语天地、文艺汇演、校歌合唱比赛组成的一个艺术节活动系列,活动中所有节目都是学生组织、编排和策划,文艺汇演更是采用以班级为单位进行竞标的方式进行班级承包,承办班级要先期进行全面的设计和策划,写出详细的设计方案,这些都使学生的创新、组织、策划、协调、自我管理等能力得到了充分锻炼,真正实现了学生的全面发展。

在闲暇期间,由九江三中团委、学生会组织,学生自主创办社团活动丰富课余生活,如摄影社团、甘霖文学社团、足球社、动漫社团等,强化学生自主管理能力。学校鼓励学生组织三人篮球赛、足球赛、羽毛球赛等体育活动,增强学生体质锻炼。九江三中的志愿团队利用课余时间积极走访特殊教育学校、养老院的同时,也由学生自主组织,老师带队到庐山旅游风景区附近捡拾垃圾,保护环境。

(三)开展幸福体验活动

亚里士多德认为"我们做公正的事情才能成为公正的人;进行节制,才能成为节制的人;有勇敢的表现,才能成为勇敢的人"。那么为学生开展幸福提体验活动,学生才能成为幸福的人。九江三中人认为,没有了活动,教育就会失去了诗性的灵魂,深邃的气质和自然的底色,这样的教育只能是干涩如柴、味同嚼蜡,没有教育的味道和尊严。九江三中坚持让校园成为文化浸润、情感体验的理想教育场所,让学校的每个活动都给学生以生命的启迪和幸福的享受。

九江三中设计和安排多项校园体验活动,让孩子在活动中明白幸福的源泉和意义。2013 年,学生足球队代表江西省参加全国青少年校园足球冠军杯赛,荣获三等奖和道德风尚奖。这让学生明白幸福来自于拼搏,来自于力量;2013 年,歌舞剧《我们在一起》在九江市城区中小学生戏剧比赛中获一等奖,2014 年 3 月,原创舞蹈节目《离开雷锋的日子》代表江西省参加全国第四届中学生艺术展演,并荣获全国一等奖。这让学生明白幸福来自勤奋,来自合作;第 22 届科技文化艺术节,自主举办多种活动,省市媒体给予了充分的报道。这让学生明白幸福来自劳动,来自和谐。2013 年研究性学习结题 125 个,在九江市综合实践竞赛活动中,1 个课题获得一等奖,并被选拔到省里参加决赛。这让学生明白幸福来自探究,来自实践。

除此之外,九江三中还引导学生阅读,为学生提供展示平台。文学作品的阅读就是心灵的涤荡,人性的完善,性情的陶冶,它能塑造我们的生命和思想。开设阅读课、读书节活动,设立班级图书角,组织读书心得交流会,各班级交换推荐书目。办好文学社团。加大白鹿文学社的建设力度,增强吸引力;办好校报《甘棠霖》,展示师生佳作。2014 年学生文集《琥珀甘霖》由江西人民出版社出版发行。开好校本课程《青春放歌》。引导学生鉴赏,激发学生兴趣,培养学生创造能力。

琥珀讲坛为学生打开了一扇开阔视野窗口。近两年九江三中先后邀请到著名军事专家尹卓,百家讲坛主讲嘉宾鲍鹏山,全国知名教育专家、演讲家、中国名师名家大讲堂首席顾问郑子岳,全国资深教育大家、原国家基础教育司司长、国家副总督学王文湛,以及知名德育专家华林飞、汪志广等莅临琥珀讲坛讲学。为学生提供了与大家面对面的机会,领略大家的风采,聆听大家的讲述,感悟大家的精神,学生道德情操得到了陶冶,懂得了良知、博爱、崇高、正义、尊严和使命,精神世界得到了充实,树立了为人类美好而自愿付出的理想,做人做事的品位也得到了提升。

三、构建幸福课堂

(一)教室生态

杜威说,传统教室是为容纳大量学生,为"应付尽量多的学生"而设计的,在这种环境里,个别儿童的原创能力就会下降,而发展个性也变得无望。在英国,现在提倡"circle time"的教学方式,学校的教室没有讲台,没有讲桌,老师在孩子中间上课,教室一律是彩色桌椅,围坐式 U 形排列。九江三中部分班级改变了传统班级上课作座位模式,划分班级小组共同学习、讨论,增强团队合作的同时提高了学生求知欲望。

很多学校在知识性学习这种单一主题的旅程中走得远了,以致有点遗忘了教室里除了学习还应该有什么。现在需要重新回到教室的原始性意义上,需要从学生的需要出发,对教室重新进行改造——改变教室的生态环境、组织结构和运行方式,让教室里不仅有学习、有交往,还有更丰富的文化和精神生活。当我们真正把教室打造成人们期待的集"图书馆""阅览室""探究室""操作间""信息资源库"于一体的"展示场""文化场";当我们不仅仅把教室定位于"教师的办公室""学生的习惯养成地和人格成长室",更把它当作"学生学习、生活、成长的生命栖居室",让师生在这里不仅可以延续生命的故事,也可以过一种全新的公民生活,那么,教室里承载的将不仅仅是学生的未来、教育的未来,更是这个国家的未来。

可以像道尔顿学校遵循的基本理念一样,把教室建设成为一个功能性实验室,一间教室就是一门学科的博物馆,从每个年级的教材、教辅材料到教辅工具等都应有尽有。教室里的资源不仅应该有图书角、电脑、实验操作平台,还要有生态角。教室里不仅要充溢着书香的味道,还应该散发着生命的味道,让每一个小组甚至每一个学生都可以认养一盆植物,当孩子们在观察植物生长的时候,学习已经发生了。

当然,教室除了那个缺乏感情色彩的番号外,还应该有一个温暖的名字,可以由师生共同命名,寄托师生美好的约定或期待。其实,改造教室就是改造文化,改造文化就是在教室这个物理空间里尽可能发现教育的意义,让教室文化不仅引领学生面向考试,更要引领学生面向生活、面向世界、面向未来。而真正决定教室文化尺度的不是外在的环境,而是人——教师和学生。站在教室里的教师是否能营造让学生没有恐惧、没有钳制的自由氛围?教师能否把最美好的课程资源源源不断地带到学生面前?这些都需要深思。所以,教师不仅是课程的创造者,还应是孩子闪光点的发现者、学生学习动力的激发者。对学生而言,教室应该是一个好玩的地方,不仅可以学得快乐,还要玩得高兴。在这里,让学生练就一双发现的眼睛,发现美,发现真爱,发现善良,发现一切美好的东西,从而共同创建一个精神王国。

同时不要忘了,教室里的资源不仅仅是教师,不仅仅是学生,还有家长。让家长成为教室里学生学习的重要资源,让家长成为与教师一起服务于学生成长的同盟军,让教师、学生,还有家长一起彼此相互支撑这个温暖的家。九江三中坚持家校合一理念,重视家长与学校的合作。家长委员会的设立目的在于倾听家长意见,共同参与学校办学决策。另外初中、高中年级每学期班主任均会进行家访活动,与家长面对面交流教育感悟,接受合理教学意见,体贴学生、关系学生的学习和生活,努力做到"足迹踏遍浔阳,真情洒满九江"。有人说,教室是师生生命叙事的地方,教室是学生的筑梦中心,是点燃梦想的地方。在教室里,应该有心灵的共鸣,有情感的润泽,有智慧的分享,有人性中美好一面的尽情展示。其实,正如有了爱就有了一切,教室里有了这些也就有了味道,有了教育就有了一切。

除了人文气息是教室必不可少的因素外,硬件设施也是教室资源的一项重要指标。专业的实验设备、高端的信息化媒体对教师传道授业有着显著作用。九江三中办学条件在九江市首屈一指的,学校早早实现了多媒体、空调等三频一体化,为学生学习、生活提供了便利条件。另外,学校在现有校园网的基础上,根据实际需要积极筹措资金,建设校内无线上网系统、无线卫星电视接收系统,形成有线无线相结合的校园网系统,实现功能强大的交互式闭路电视系统,以及与校园广播系统的结合,进行在线备课、考试,能够进行视频点播和课间播放。九江三中校园面积虽小,但是学校始终按照新课程实验需要不断增添教学设施和设备,为新课程顺利实施提供物质条件保障。配置物理实验室、化学实验室、生物实验室、音乐室、美术室、历史室、地理室、劳技室、综合电教室、科学活动室、计算机室、软件制作室和电子阅览室等专用教室。为课程内容提供演示实验、学生实验、科学实践活动的场地,为开放式探究实验提供方便。

(二)课程设置

课堂是孩子学校生活的主要场所和生活方式。如果不能让孩子幸福地度过每一堂课,我们就无法给予孩子一个幸福的童年。同时,如果我们不能把知识、过程和方法、情感与价值观,以及创造能力给予孩子,也无法实现其人生价值,更谈不上幸福人生。我们现在主要由"国家课程"向"校本课程"发展,由"校本课程"向"师本课程"发展,最终由"师本课程"走向"生本课程"。但"师本课程"到课程生本化,可能需要一个很长的过程。

所谓师本课程,主要是从更充分地体现课程对教师和学生的适应性的角度,沿着国家课程——地方课程——学校课程的思路,提出的一种新的课程层次或形态。对他人编制课程的转化、改造、拓展,以及自主独立开发的课程,均属师本课程的内容。如九江三中针对语文学科的教授,除课堂上对书本内容进行详细讲述外,举办谷雨诗会、编撰古典诗词选集均在一定程度上使学生体会到语文的魅力,深入进文学世界,增加了学生对文学的求知欲望。

生本课程目前还没有一个明确的定义,比较认同的观点认为生本课程就是以学生为本的课程,它要求真正地实现以学生为中心,以学生的生活为着眼点,主要传授给学生生活经验,并以学生的自我建构为主,以使学生更好地成长,进而提高学生的生命质量。也就是说,生本课程的"生",可以指学生,也可以指生活(或生活经验),也可以指生长,也可以指生命,或者说生本课程是一种比较随意但很有价值的课程。它是针对现有基础教育课程的弊端而提出来的,因而具有许多新的特点。如九江三中的"三三"教学模式,最大可能地由学生主导与参与,一切以学生为主。部分班级考试制度也与传统制度有很大变化,实行学生自主分组考核,由学生自主互相考试,将传统的由教师主导的个人考试转变为学生主导的团体考核制度,全面地发挥学生的主观能动性。

(三)课堂教学

九江三中以优化课堂教学为对象,强力推进教育四大元素(学生、教材、教法、大纲)的研究,把学习的过程还给学生,把学习的主动权还给学生,让课堂活起来,让学生成为学习的主人,享受思维的乐趣,体验成功的喜悦,使得课堂成为一个富有激情和智慧碰撞的乐园,让每一个学生在这里得到充分的发展并掌握开启未来的万能钥匙。九江三中课堂教学形成了"三三"教学模式,即课堂教学目标有三个面向——面向全体学生,面向学生的自主学习,面向教学目标的有效达成;课堂教学时间做到三控制——新课时间不超过 20 分钟,学生自主探究不少于 10 分钟,教学反馈时间不少于 15 分钟;亲近学生坚持三原则——必须课前 2 分钟到教室候课,必须课中参与学生自主学习,必须做到下课不拖堂。这一模式的形成让课堂变成了真正的学堂,让讲堂变成了真正的练堂,师生之间的主、配角地位较之传统教育有了实质性的转变,也让教育和教学在课堂上实现了真正的渗透。学校无线宽带的覆盖,在全市率先将多媒体配置到教室,以及学校无纸化办公的推进,标志着数字化校园的成形,它为九江三中打造高效课堂提供了强大的技术支撑。

四、创造幸福生活

(一)构建教师的核心价值观

"价值观"是指一个人对客体事物的价值性、重要性的整体评价和基本看法。"核心价值观"则是某一社会群体判断社会事物时所依据的是非标准、所遵循的行为准则。"教师核心价值观"是指教师行为中所蕴含的深层次的价值观念、思维方式、审美情趣、道德风尚等,体现的是教师整体精神面貌和职业生活态度。

中小学教师核心价值观可凝练为"事业科学发展为重、学生健康发展为本和自身专业发展为要"。价值追求是事业进步的根本导向,是推动事业发展的内在动力。"事业科学发展为重"就是强调,中小学教师要树立并坚守"真心喜欢、甘于奉献、矢志不渝"的事业观,"事业科学发展为重"的最大特征就是"钟爱教育"。正如美国作家马克·吐温所言,"人的思想是了不起的,只要专注于某一项事业,那就一定会做出使自己感到吃惊的成绩来"。无数实践表明,大凡教育名家、优秀教师,都有一个重要的共同之处,那就是对教育事业有一份钟爱! 正是因为钟爱,而精益求精;正是因为钟爱,而不断成功;正是因为钟爱,而无怨无悔;正是因为钟爱,职业生命永远年轻! 进而言之,也唯有钟爱教育,我们的中小学教师队伍才有可能走出更多的教育家,我们的教育才有可能真正实现"教育家办学"。

教书育人是教师的神圣天职,也是教师的光荣使命。"学生健康发展为本"就是强调,中小学教师要树立并坚守"真诚热爱、真正理解、真心服务"的学生观,了解、尊重并呵护每一位学生,以自己的人格魅力和学识魅力教育和感染学生,做学生身心健康成长的指导者和引路人,着力提高学生服务国家服务人民的社会责任感,勇于探索的创新精神和善于解决问题的实践能力。"学生健康发展为本"的最大法宝就是"热爱学生",正如苏霍姆林斯基所言,中小学教师最可贵的品质之一就是对孩子深沉的爱,兼有父母的亲昵温存和睿智的严厉与严格要求相结合的那种爱。一个好教师意味着什么? 意味着他是这样的人:热爱孩子,感到跟孩子交往是一种乐趣,相信每个孩子都能成为一个好人,用心灵去体会孩子们最细微的精神需要,善于跟他们交朋友,关心其快乐和悲伤,而且时刻都不忘记自己也曾是个孩子。进而言之,也唯有热爱学生,我们的老师才有可能真正激活并享受"情感启动变化的力量",我们的教育才有可能真正实现"心灵与心灵的沟通、灵魂与灵魂的交融、人格与人格的对话"。

能力只能由能力来培养,才干也只能由才干来培养。高质量的教育取决于高素质的教师,提高教师素质的关键是加强教师专业化建设。"自身专业发展为要",就是强调,中小学教师要树立并坚守"专业自信、专业自觉、专业自强"的职业生涯观,追求、体验并享受自身的专业发展,努力把学科知识、教育理论与教育实践相结合,把学生认知规律、学生成长规律与教育教学规律相结合,坚持实践、反思,再实践、再反思,不断提升教书育人的实践能力和综合素质。"自身专业发展为要"的最大抓手就是"挚爱钻研"。正如英国著名的课程理论家劳伦斯·斯滕豪斯所倡导的"教师即研究者",在实现自身专业发展的进程中,教师要注意形成溯本求源、穷究底蕴的行为定向和不怕困难、坚持探究的毅力和意志,并学会采取科学的思想方法和合理的工作方法;要自觉地找寻理论与实践的结合点,主动地改变惰性的、被动的、僵化的定势思维;要把每一次的教育教学活动看作自己的创造性劳动,把突破自我、改良现状、提高能力视为自己的内在需求和发展目标。进而言之,也唯有"挚爱钻研",每一个教师才有可能成为学生的榜样——有高尚的品德修养和丰富的精神生活,热爱知识,不知疲倦地探索新事物;教师自身的主体性才有可能发展到一个新的境界——思维活跃、思路开阔、思考缜密、思想丰富,由辛苦地工作走向聪明地工作,从经验型教师走向专家型教师,并从中获得理性升华和情感愉悦。

教师这一职业并不一定是幸福的,只有在教育工作中能充分感受到这一职业的内在尊严和充分实现自己人生价值的教师才是幸福的。教师的幸福就是自由地实现自己职业理想的一种主体生存状态。教师的幸福不仅限于物质生活,更来自对教育事业的钟爱,对学生的热爱,对自身事业成就的满足。学校要把教师核心价值观建构作为学校文化尤其是精神文明建设的核心任务,从"推行支持性的领导方式""提供充分的学习和合作时间""创设良好的同事关系和合作性工作环境""夯实价值观方面的校本培训"等途径入手,有序有效地构建一套科学的保障体系和运行机制来引导和推动教师充分激活其"自我效能",进而持续更新和完善其核心价值观。在此过程中,要充分考虑教师的学识背景、工作阅历、基本需求、时间精力和情感体验等,努力创设心理安全、充满信任的氛围,积极培植教师的组织归属感、自我悦纳感和职业成就感,以渐次提升核心价值观的行动自觉和层次水准。

九江三中课堂教学上,鼓励教师从学生的实际情况出发,着眼于学生未来的发展,充分拓展学生的潜能,在学生掌握学习的主动权,充分享受学习的快乐的过程中,取得高效教学效果;重视对优秀学生的培养,更关注学困生,多给他们成功的体验,加强对学困生的个别辅导,努力做到不让一个学生掉队。课外活动中,能够让学生尽情享受成功的快乐,在鼓励声中健康成长。开展社会实践活动,开阔学生视野;"集中家访与平时家访相结合、全员家访与针对性家访相结合、赏识激励与问题探讨相结合、工作交流与爱心传递相结合"四个结合扎实做好家访活动。

(二)推进校园民主文化

随着教育改革的不断深化,要完成教育工作的各项任务,十分重要的一条就是全心全意依靠教职工办学,充分调动广大教职工的积极性和创造性。学校要重视发挥工会、教代会的作用,实施依法治校、民主管理,使学校各项工作取得了较大成绩。在学校的改革和发展进程中,教职工是学校的办学主体,没有广大教职工的支持和参与,不发挥好教职工的主人翁精神,要实现学校全面协调可持续发展便无从说起。因此学校深化改革、加快发展,必须坚定不移地贯彻落实全心全意依靠教职工办学的指导方针;坚持和完善以学校教职工代表大会为基本形式的民主管理制度,全面落实教代会的职权;切实保障教职工的合法权益,调动和保护教职工的积极性;加强教师队伍建设,不断提高教职工队伍整体素质,充分发挥工会在学校改革与发展中的作用。坚持实行校务公开,让教职工充分了解学校在干什么,要干什么,准备怎么干,从知情到参与,集思广益,民主讨论,既可以集中群众的智慧,避免决策失误,提高学校管理水平和办学水平,也可以更有效地调动教职工为学校改革和发展献计出力的积极性。同时,通过沟通情况,增进了解,及时有效地消除误解、化解矛盾,处理好广大群众关心的热点、难点问题,营造一个舒心的校园环境,建立一个人尽其言、人尽其能的创新环境,增强学校的凝聚力,促进学校全面协调可持续发展。

(三)健全教师培训机制

没有事业就没有成就感,工作是财富创造力的表现,是自我价值的实现,有成就的工作能使身体充满活力和激情,能使家庭充满阳光和快乐。九江三中着力唤醒教师的愿望,提升教师的追求,引导教师的成长。

九江三中积极引导教师加快知识更新,优化知识结构,提升服务水平。大兴学习之风,使得学校有书香气,教师有书卷气,学生有书生气。个人自主学习,自选学习内容,自主学习实践,自我评价改进。群体合作学习,每周教研组、备课组组织一次业务或理论学习,或解析实际教育教学中的典范案例,或研讨校本教研问题,或探索教学改革。成立读书小组,开展每月一次读书交流会,每学期一次教育教学经验交流会等活动,交流,探讨,提高。大力实施互助工程,加强对年轻教师、年轻班主任、年轻干部的业务培养。对外交流学习,学校在教师业务学习上舍得投入,邀请专家来校讲学、指导;鼓励教师走出去,参加比赛,外出参观、考察、交流,教师意识到学习是最大的福利。

(四)丰富教师业余生活

九江三中倡导"健康第一"。身心健康了,教师才会全身心地投入教育教学当中,才能够充分享受到教育的幸福。九江三中成立了7个健身协会——瑜伽协会、羽毛球协会、乒乓球协会、篮球协会、足球协会、太极拳协会、登山协会,正在筹划成立车友协会。各个协会都会定期组织活动,教师们可以根据自己的兴趣和需要,选择不同的协会,在锻炼身体的同时,加强同事间的沟通,和谐校园的工作氛围。不仅可以强身健体,还愉悦身心。学校舍得投入资金为教师健身提供场所,建有健身房和休闲广场;收回体育馆的经营权,教师锻炼有了更开阔的空间。教师参加市教育系统篮球比赛、市直羽毛球比赛均获得冠军。21人的教师舞蹈队参加省教育厅主办的全省中小学教师"园丁之光"大赛喜获一等奖。为保证教师的心理健康,学校设立了阳光工作室,即教师心理健康咨询室,并聘请了经验丰富的心理咨询师定期为教师宣讲身心健康知识,进行心理疏导,并将教师身心健康教育以制度的形式固定下来,促使教师学习心理卫生和心理健康的知识,学会自我调适,从而减少教师身心健康受损情况的发生,提高教师身心健康水平。建立了教师健康年检制度。保障全校教师的身心健康。为了老师能有个轻松的休闲环境,学校加大投入,修建了教师休闲广场,改进了体育器材。

第三章 组织与制度建设

学校管理水平直接关系到学校的办学质量。2014年8月2日教育部制定印发了《义务教育学校管理标准（试行）》（以下简称管理标准）并启动实验区工作,《管理标准》由基本理念、基本内容和实施要求三部分组成。针对义务教育学校管理工作特点,管理标准立足学校管理工作实际,以学生和教师为中心设置了六项管理职责,分别是"平等对待每位学生、促进学生全面发展、引领教师专业发展、提升教育教学质量、营造和谐安全环境、建设现代学校制度",六项管理职责下设22项管理任务,管理任务共下设92条管理要求,基本涵盖了学校管理的主要方面。学校管理标准既应考虑办学条件的改善,更要强调学校内涵的提升。

科学的管理是调动和激发学校教职员工积极性的原动力,组织和制度建设则是学校发展的重要保障。近年来,九江三中坚持"向管理要质量、向管理要效益、向管理要品牌"的理念,科学管理。明确"以人为本,刚柔相济;兼容和合,诚正仁爱"的管理理念,以"沟通是基础,服务是根本,激励是重点,引领是关键"为管理要诀,以提高管理效率为目的,强力推进各项管理的建设,谋求学校管理品质的提升。

一、完善的管理体制

（一）分权管理

1. 分权管理的内涵

权力是一种从事或影响某些事物的能力,是主体用来支配客体的社会力量,是一种手段,也是一种权威,它能按主体的意愿达成某一目标。权力问题,是政治学关注的重点,也是管理学研究的核心。集权与分权的关系是组织管理学的基本问题,它是解决以决策职能的纵向分配为对象,一个组织如何把决策的职能分解到各级管理阶层的问题。通过分权,把生产管理决策权分给下属组织,最高领导层只集中少数关系全局利益和重大问题的决策权,以便发挥低层组织的主动性和创造性。学校教育的管理问题实质上就是权力的运用问题,而如何有效地分配权力和监督权力,提高权力主体的积极性,保障权力的合理使用,是学校教育管理要迫切解决的问题❶。

　　和经济管理一样,政府对公共教育的集权垄断也带来了许多弊端:公共教育的低质和低效、人力和财力的巨大浪费,以及对社会需求的漠视。为此,随着政府自身和市场经济的改革,政府的组织范式和管理模式也出现由集权走向分权的趋势,政府对公共教育的管理方式也随之发生了变革,教育分权成为各国对公共教育体制的官僚科层组织进行重构和再造所达成的共识,已成为主宰公立学校改革,提高公共教育的质量、效益和效能的核心理念。

　　根据世界银行的观点,教育分权主要包括三种形式❷:一是权力的分散(Deconcentration),它是分权中最弱的一种方式,是指把运作责任而不是决策责任交给下级部门,即它最多只是把管理责任从中央转移到地方或其他较低层级,而中央部门还是对其保持严格的控制。二是权力的委托或授权(Delegation),它是一种更全面的分权方法,中央当权者把职权"借贷"给较低层级的政府或自主组织,但委托出去的职权是可以收回的。三是权力下放(Devolution),它是分权中最彻底的一种,包含了一系列各不相同的程序,主要程序有下放行政管理权,或把国家的职权从上级政府转移到下级政府,同时保留中央对预算和决策的控制;下放财政权,或把对预算和金融决策的影响力从上级下放到下级;权力移交,或把资源和政治权力移交给与上级政府保持很大独立性的下级政府❸。

　　除了国家和教育部门的外部权力分权外,在学校内部也会涉及分权化管理。如北京十一学校的李希贵校长在学校转型改革的过程中,一改以往

---

❶　卢勃.试论高等教育的分权管理问题[J].高教探索,2006(1).
❷　许杰.教育分权与大学自主[J].高等教育研究,2004(7).
❸　卢勃.试论高等教育的分权管理问题[J].高教探索,2006(1).

的"校长独裁负责"的管理模式,实施分权式管理,将管理责任下放到每个教师身上,让每个人都成为 CEO,极大地调动了教师的工作积极性,促进了学校的发展。在北京十一学校,"不以弱小而不为",每项工作没有重要与不重要之分,只要有益于学校、有益于学生的工作,北京十一学校的老师们都会投入 100% 的精力去做好。他们像关注自己的家庭一样,关注学生的成长、关注学校的发展。教师们把自己的职业定位于,在学生未来对社会的贡献里发现自己的人生价值,在学生今日之爱戴与未来的回忆中,寻找富有乐趣的教育人生。他们每天上午 8 点前到校,晚上 21 点后才离校,中午很少有人休息,在学校这个舞台上施展了自己的智慧与才华,实现了自我人生价值。

2. 九江三中分权管理实践

现代管理学认为:"管理最少的领导才是最好的领导。"正如《孙子兵法·谋政篇》中所言:"将能而君不御者胜。"意思是说,将领如果是有才能的,国君不要干预他们的行动,保证其才能得到充分的发挥,这样才能求得战争的胜利。在现代社会中,如果一个组织的任何事情都要领导者亲力亲为,而不是把一部分权利交给能者去办,纵使有三头六臂也是难以胜任的。有些领导喜欢在工作中大包大揽,事必躬亲,希望每件事情经过他的努力都能圆满完成,得到上上下下的认可。这种事事求全的愿望虽然是好的,但常常收不到好的效果。因此,一个学校做得好的校长往往会把精力放在制订学校近远期工作目标上,在工作目标制订好的基础上再做好任务的分解,将具体的工作落实到每个人,自己只是抽出一定的时间,做好外联工作关系而已。

学校教育的管理问题实质上就是权力的运用问题,而如何有效地分配权力和监督权力,提高权力主体的积极性,保障权力的合理使用,是学校教育管理要迫切解决的问题❶。分权管理是学校有效管理的前提,学校任务复杂,分权可以使领导集体内部分工明确,职责分别,各有所司,使领导集体具有更高的效率。分权管理不但是对任务的划分,也是对组织成员的一种激励,心理学家马斯洛将"自我实现的需要"放在了需要层次的最高层,这说明每个人在满足了生理需要、安全需要、爱的需要和尊重的需要后都有一种自

---

❶　卢勃.试论高等教育的分权管理问题[J].高教探索,2006(1).

我实现的渴望。校长的分权管理能够满足下属"尊重的需要",激发下属"自我实现的欲望",能够激励下属以满腔热情和全身心的精力投入工作,创造更大的效率,同时使管理团队这个协作系统达到最大。

九江三中深谙分权管理之道,创新管理体制,使得学校每个管理者、每位教师甚至是每个学生手中都有权力,个个肩上有责任,有效发挥了智囊团的作用。九江三中以学校发展规划为目标,将学校管理目标定位为"优化学校管理,打造民主、和谐、奋进、高效的团队",坚持以人为本,健全决策、执行和监督体系,进一步完善校长室决策,各处室协调管理,年级部、教研组具体落实的工作体制。尤其重视发挥年级部在宏观微观、纵向横向上,对教师和学生管理的功能。

(1)有岗有责,权力下放。集权与分权的概念最初源于企业和政治经济领域中,后来广泛应用于其他各个管理领域。集权和分权是组织层级化设计中的两种相反的权力分配方式,是两个相对的概念。集权是指决策指挥权在组织系统中较高管理层次上的集中。分权是指决策指挥权在组织系统中较低管理层次上的分散。组织管理的实践告诉我们,组织目标的一致性必然要求组织行动的统一性,所以,组织实行一定程度的集权是十分必要的。与此同时,组织内部的专业化分工必然要求组织分权,否则,组织便无法运转。加强组织的科学管理,首先就是要探索符合现代管理理念的组织分权体制和组织管理制度❶。

《哈佛商业评论》经典的时间管理案例"谁背上了猴子"中的经理没区分好自己和下属身上"猴子"的差别,导致将大量的时间都花在了下属问题上。而不是利用自由支配时间部分来更好地处理老板和公司给他规定的工作。其实,"猴子"就是指每个人肩上应承担的责任,在学校管理中,每个人肩上都背着自己的"猴子",而且要背好自己的"猴子",校长不要去碰别人背上的"猴子"。

九江三中首先形成学校常规运行的有效机制,全校教师人人都有自己的岗位和责任,行政干部更是如此,基本上做到有事有制,有岗有责,笔者把权力充分下放,相信所有干部和教师都能胜任自己的工作,实现学校的分级

---

❶ 王玛丽.浅谈组织层级化管理中的分权模式[J].昌吉学院学报,2005(1).

管理,全面推进各项工作。通过实施岗位目标责任制,使领导干部和全校教职工更具有责任感和使命感,极大地调动了全校教职员工的工作热情。与此同时九江三中在班子会、行政会、教工大会上强调每个人都要追求解决四个问题:我是谁,即教师的角色定位;我要干什么,即教师的能力定位;我应该干什么,即教师的岗位要求;我如何去干,即教学工作中的具体解决方法。通过教师的自我认识与反思,使这种责任意识、主人翁精神融入到教师的心灵中,让每位教职工都感觉自己重要,让主流价值观真正根植于教师的心里,并体现在行为方式中,从而推动学校的进步与发展。

(2)校长定位:出主意、带队伍、谋大事。九江三中对于校长进行了明确定位,认为校长的主要职责就是:出主意、带队伍、谋大事。出主意是出关于学校发展的大主意;带队伍是组织培养一流师资和管理团队;谋大事是要研究学校发展的中心工作即教师和学生的发展问题。

其实学校权力方面不外乎人权和财权,在九江三中校长权力是很有限的。人事权方面,学校干部教师不是校长一个人说了算的,九江三中会集体开会慎重考虑。教师若有事情直接跟自己领导汇报,不能越级汇报。财权方面,九江三中的经费审批一般要校长、主管财务的副校长和经办人三个人签字,严格规范。校长的权力只能用在学校的财务方面和日常管理方面。而校长处理日常事务主要还是管理二字,管理管理,既要管又要理。"管"是一级管一级,下级对上级负责,各主管、各部门各司其职、各负其责,"理"则指理顺关系。当主管领导或处室主任汇报工作,校长要注意原则,千万不要碰别人背上的"猴子",对方提问题,由对方解决,校长不轻易说出解决方法,让对方去思考给出一种解决方法还不行,需要多种解决方法,而校长所做的就是在这多种解决方法中判断是否正确,是否最好效果,最后决策。

九江三中权力下放结果整体上良好,笔者形成了"以人为本,刚柔相济,兼容和合,诚正仁爱"的管理理念。

(二)有效授权,扁平化管理

1. 有效授权

现代管理学之父杜拉克说:"管理者的本分,在求工作之有效。"有效工作强调的是工作的质量而不是数量,是工作的效果而不是工作的时间。在学校的管理过程中,我们积极追求学校管理的水平,提高学校的办学质量,提升学校的办学品位,而学校工作的效率往往由工作的有效性所决定,而工作有效性的关键在于有效授权。

授权,就是学校管理者为了达到工作目标,通过授予权力特别是做决策的权力,让被授权的人围绕上级或部门设定的工作目标进行工作。简单说,授权就是要放手,要汇聚群力。通过有效授权不仅可以充分调动下属工作的积极性和创造性,提高团队的整体效能,也能使下属明确职责,使校长和中层干部从繁忙的事务性、例行性的工作中解决处理,拥有更多的时间去进行更重要的工作,去实现自身的发展,形成愉快、高效并且愿意创新的工作环境,实现员工和团队的共同成长。学校管理者可以通过有效授权把更多的时间和精力放在学校的人力管理、激励教职员工、自身的完善和学习、建设学校的团队精神等方面。

2. 扁平化管理

随着学校管理体制改革的不断深入,传统的金字塔式的科层制组织管理弊端日益凸显。应对当前学校行政管理存在的问题,学校必须主动适应内外部环境变化,最大限度地优化内部组织结构,合理配置系统资源,创新管理机制,提高组织运行效率。"扁平化管理"理论为学校管理体制改革提供了新的理论基础,为学校的管理尤其是行政管理的创新提供了新的突破口。可以按照"就低原则"来处理学校的各项事务,变等级制为参与合作协调是实现学校扁平化管理的有效途径。构建扁平化管理组织结构和实施扁平化管理,有利于提高学校管理的效率和效益,实现学术权力和行政权力的优化配置。

扁平化与科层制最初来源于现代企业组织,后来不断渗透发展至其他组织结构中。科层制是德国著名的社会学家韦伯在设计"理想的行政组织体系"时提出来的,以合理性和合法性作为其理论的基础;组织都设立有明确的目标;分工明确;自上而下的等级系统;人员的任用完全根据职务的要求;有严格的规则、纪律和办事程序❶,旨在解决组织管理机构的内部分工问

---

❶　陈向澜.理性与管理——论韦伯的管理哲学及其影响[M].长春:吉林人民出版社,2006.

题。20 世纪 90 年代以来,知识经济、全球化、信息网络化趋势不断发展,企业外部环境发生了剧烈的变化,传统层级结构弊端由此也日益显现,曾经普遍采用的科层制组织模式正在被一种新型的扁平化组织模式所取代。

扁平化是在美国的迈克尔·汉默与詹姆斯·钱皮在《公司重组:企业革命宣言》中提出企业业务流程重组(BPR)后,为适应现代社会经济环境和高效率运转而形成的一种管理模式。所谓扁平化组织结构,就是一种通过减少管理层次,压缩职能机构,裁减人员而建立起来的一种紧凑而富有弹性的新型团体组织,它具有敏捷、灵活、快速、高效的优点。由于扁平化理论强调减少等级和分权,被广泛应用于企业界和公共部门。他们通过把许多决策让"外围"即消费者、社区和非政府组织去做,通过减少等级和授权给雇员的方法,实现了组织的扁平化管理。这种管理层次少,权力下放的管理模式,使得公共组织对迅速变化的情况和市场需求能作出快速的反映和迅速的决策。由于领导决策执行时间段,决策执行面广,下级执行人员拥有较大的自主权,便于提高工作积极性和工作效率,有利于权力的优化配置❶。

3. 学校结构的扁平化

学校是在社会领域中存在的一类特定的组织系统,它的构成既不同于政府与企业,也不等同于其他的社会公益性机构。学校组织的性质则非常复杂,它虽然是属于社会性的公益组织,但同时还具有一定的政治与经济组织的特性。"学校组织或许是最复杂的社会产物了。一方面,如同其他正式组织一样,学校必须对一个复杂的人力物力资源的混合体作出诸如组织、管理、指挥等方面的处理。另一方面,它又与大多数其他正式组织不同,作为一个培养人才的机构,学校有独特的组织与管理问题。"❷

学校组织结构是由各种不同类型的次级组织构成的,根据其性质与特征的不同,可以把学校组织划分为两大类:一类是传统的金字塔形、科层化管理组织,另外一类是扁平化组织结构。

(1)传统的学校管理结构。美国的马克斯·阿伯特最早提出了学校组

---

❶　涂双滨. 浅谈地方本科高校行政管理扁平化的构建[J]. 宜春学院学报,2011(11):152 -154.

❷　[美]E·马克·汉森.教育管理与组织行为[M].梁大鸣译.上海:上海教育出版社,1991.

织有许多特征符合韦伯原则,认为学校组织具有分工的专业化特点,内部又有着明确的、严格的纪律和规章制度;管理的理性化程度高等。由于这种模式下管理幅度小,能够使管理者进行深入、具体和面对面的管理,有利于明确管理关系、建立严格的责任制度,也能很好地为下层人员提供晋升机会,促使其努力工作。因此,我国早期的学校规模较小,外部环境相对稳定,在很长一段时间内,科层制的优势得以充分发挥,保证了教育组织的"秩序、理性、可行和稳定"❶,确立了它在学校管理体制中的主体地位。传统学校的业务系统和管理系统中都建立有专业分工的体系,内部有明确的目标,并由相应的岗位责任制,教职员工的选拔任命由严格的资格限制和考核制度,并按照自己的职务、责任、工作量领取工资,这些是学校的传统管理模式更烙有明显的科层制管理的特征❷。

传统的学校管理机制是在苏联的教育管理学的影响下构建起来的以行政管理为特征的管理模式,它有以下几个主要的特性。

分层。学校科层组织系统主要包括教学管理组织、德育管理组织、科研管理组织、人事管理组织与总务管理组织等。其中,每一类科层系统都可以划分为三个垂直层次:最高层是决策层,中间层为管理层,最底层为执行层。平行组织是这三个垂直层次组织在横向水平上的拓展与延伸。其中,决策层主要是由党(包括共青团、少先队)、政、工三大部门的主要领导构成的,管理层主要是由学校各职能部门的领导组成的,执行层主要是由各个学科组与年级组构成的。在学校内部组织结构中,从学校的校长到教师,要分为3~4个层次,校长下面是教导处,教导处下面是年级组,然后是班主任及科任教师。

集权。学校内部管理的权力相对地集中于学校的中、上层,对教育的信息、课程、物资等资源拥有调配、控制的权力,教师处于被动接受的地位。

对上负责。学校内部形成对上负责的结构,学校成了完成上级各项任务的机构,而对于学生的教育功能反而淡化。

高度统一。学校教育活动的组织与管理,考虑整体的较多,考虑学生的

---

❶ 黄崴.教育管理学概念与原理[M].广东:广东高等教育出版社,2003.
❷ 孙俭.二级管理:科层制与扁平化的对立统一[J].科技创新导报,2009(9).

年龄特点的很少,而学生个体的差异更是无暇或无法顾及❶。

（2）扁平化组织结构。在现代学校制度的推进过程中,我们一直在思考学校组织的变更,如何体现学生的主体地位,也就是我们经常说的以学生的发展为本的现代教育理念。在学校里,学生按年龄分年级,也就是说我们在实施学生管理的时候,所要关注的主要维度就是学生的年龄,我们要根据学生的年龄特征来展开教育活动❷。

扁平化组织是以学为核心建立起来的专业组织机构,它主要包括教学组织、科研组织与学习组织三种类型。教学组织主要是由学科组与备课组构成的。科研组织主要由参与不同科研任务中的人员构成。学习组织主要是由不同年级、班级与兴趣小组的学生构成。这些组织的共同特征是没有明显的等级隶属关系,都直接与学科、专业的发展相联系。扁平化专业组织具有如下几个方面的特征:①以"自我实现人"作为人性假设的基础;②以计算机技术和网络技术为组织结构建设和运行的基础;③管理跨度大,管理层次少;④管理权力配置分散化;⑤信息传递方式和成员沟通、协调方式多样化;⑥组织边界及组织内部边界逐渐模糊化;⑦组织实行目标管理❸。扁平化组织也存在着很大的局限,它很容易使任务的解决陷入永无休止的喋喋不休的争论之中,从而在一定程度上降低组织决策的效率,进而会影响到组织的整体绩效❹。

4.九江三中"三层两级扁平化管理"

现代教育理论认为,教育的本质是促进人的全面发展,是直面人的生命、通过人的生命、为了人的生命质量的提高而进行的社会活动,是以人为本的社会中最体现生命关怀的一种事业,创新现代学校教育管理,必须围绕着人进行思考:以人性为中心,尊重人、依靠人、发展人和为了人,关注学校每个教职工的发展,让每个人都感觉自己重要,是学校管理的核心的理念。九江三中认识到人是管理的核心要素,对于人仅用制度、计划、监督来管

❶ 郑立达.学校内部管理结构扁平化的构想[J].上海教育,2005,Z1:32－33.
❷ 郑立达.学校内部管理结构扁平化的构想[J].上海教育,2005,Z1:32－33.
❸ 龙安芳.论马克斯·韦伯的科层制与扁平制的对立与统一[J].贵州商业高等专科学校学报,2008(4).
❹ 苏君阳.我国学校内部组织管理:科层化与扁平化的冲突和协调[J].北京师范大学学报（社会科学版）,2010(1):13－20.

理,尽管体现了科学管理的规范性、实效性,却忽视了人的本质特征,即人的个性、需要及发展。教师从事的教学科研活动属创造性活动,教师这个群体比社会其他群体更自尊、更敏感,强调独立品格和批判意识,看重自我价值的实现。因此,学校管理的重心应该从制度管理向文化治校转变,而九江三中的《2012—2017 年发展规划》则正体现了九江三中的文化管理理念。

根据对教师的这种分析,为了更大限度地调动教师参与学校管理的积极性,九江三中开始实行"三层两级扁平化管理",即学校管理与年级组管理相结合的管理模式。九江三中的管理结构有三层:①是学校领导班子,校长主管行政,党总支书记主管党务,6 位副校长和校长助理分管不同的工作,其中有 4 个是班主任;②是分管不同工作的学校中层干部,这是学校的中间管理层,有政教处、教务处、总务处、办公室、督导室、外事办、学生资助中心、学生生活指导室、心理辅导室等 10 多个科室,对各年级组各方面的工作给予指导、服务、评价;③是年级部,年级部中的所有日常工作由年级主任负责,下设教育、教学、总务等助理协助年级主任开展工作,每个年级部类似于小学校,年级主任全面负责级部的管理。每月,年级主任向校长办公会进行工作汇报,校长办公室及中间管理层则对各年级部的工作作出量化评价,以督促、激励年级部的内部建设。

在"三层两级扁平化管理"模式中,学校将各年级部日常的教育、教学工作组织与安排及校方使用权等交给了年级部,自己则保留决策、调控、监督的权力。年级部则对自身的工作进行系统的自查,作出自评或实现部内的互评,在自评和互评中发现问题、解决问题。与此同时,学校领导和中层干部蹲点各个年级部和教研组,认真履行职责,深入各个年级部,及时了解、反馈教师在工作中遇到的困惑,并协助对所遇到的问题进行分析、解决,以此作为修正、完善学校相关管理制度的依据,并检查年级部工作开展的实效性,完成对年级部及教师的他评。

九江三中的三层两级扁平化管理切实做到了"有效授权",把握决策的方向,在干部年级部主任执行计划过程中,给予了他们很大的思考管理、评价的权利空间,如年级部主任根据年级部老师工作态度、工作质量及工作绩效,有对老师奖金的分配权等。这在很大程度上发挥了年级部主任的积极性与创造性,给了他们发挥管理才能的机会。按照"给人生留下空白"的原则,尽可能地为干部和教师创造一个宽松、自由的工作环境,如学校设有健身房、休闲广场等休闲场所,在这样的环境中交流信息,愉悦身心,更容易获得灵感和启迪,做到"寓管于乐"。

"三层两级扁平化管理"模式的最大优势在于它很好地解决了管理中的"沟通"问题,而这个问题恰恰决定了管理的效率。什么是管理效率?就是在第一时间发现问题的所在,并以最快的速度把问题解决掉。中间管理层的深入年级部和年级部主任直接对校长负责的管理要求,使得校长的管理始终处于互动的状态。他可以通过各种渠道了解工作进展的真实情况,多角度地掌握各个部门的发展现状,并根据这些隋况进行高效率的管理,及时调整或改变决策。

三层两级扁平化管理的灵魂是树立全体职工的主人翁精神。有了主人翁的精神,就有工作的积极性、主动性;有了主人翁精神,就有了源源不绝的群众智慧,人人为办学出谋献策;有了主人翁精神,就有了一个无形的、强有力的监督机制,使学校工作沿着正确的轨道正常运转。学校管理层中流行这样一句话:只有过程管理的细致到位,才有最终结果的完美无缺。学校每个年级部都加强团队建设,营造家的氛围。在年级部内尽量做到,人人参与、合理分工、各负其责。让大家首先统一个认识,就是大家在忙于各自的教育教学工作同时,还要积极参与年级部的管理,积极参与学校的各项工作,这是每位老师的责任和义务。一个优秀的教师集体,一定要充分考虑每位教师在这个集体中的感受。年级部主任要根据每个人的业务、性格特点,安排好其在部内的工作。例如,教学研究经验相对丰富又有一定的威信就可以担任部里的教研组长工作。另外,有的年轻科任老师,教育教学经验不足,就尽量为他们安排"老师傅",通过导师制对青年教师的政治思想、专业知识和业务能力、教学科研等一对一帮扶,帮助他们尽快地成长。这样可以做到人尽其才,让每个老师都发挥所长。建设优秀的团队,需要一种浓浓的情感氛围,大家走到一起共事是一种缘分,九江三中把这情转化成心往一块想、劲往一块使的工作动力。过年过节发个温馨的小短信,教师婚庆时校长做证婚人,取得优异成绩时及时对教师进行表彰奖励。在这样的工作氛围里,凝聚成九江三中民主、和谐、奋进、高效的团队,凝聚成九江三中的"以人为本,刚柔并济,兼容和合,诚正仁爱"的管理理念。

"三层两级扁平化管理"模式促进了管理效率的提高,减少了多方面资源的浪费,良好的沟通让老师们感觉到学校对自己的尊重和信任,从而产生极大的责任感、认同感和归属感,促使教师以强烈的责任心和奉献精神去工作,使学校的各方面工作全面开花。

(三)健全的学校制度

1. 学校制度建设的现实需求

我国的基础教育阶段的学校制度,在二十余年的改革开放过程中,进行了多方面卓有成效的改革。但由于政治文明建设的复杂性,由于我国地域、学校的巨大差异性及其他原因,使得现代学校制度建设相对滞后,出现了一些前进和发展过程中的问题,影响着教育发展的水平、人才培养的质量和知识贡献的力度。具体如下。

学校治理结构、管理制度不完善。从总体上来看,校长负责制未能建立在完善的民主制基础上;政府的教育资源配置制度和学校层面的教育资源使用制度不完善;教育教学评价制度不完善,传统的鉴定性评价在一些区域、在基层大多数学校仍然有很大的影响。

学校文化制度落后。部分学校忽视现代学校文化和在此基础上形成的现代学校文化制度的建设,导致校内各人群难以形成普遍认同的教育核心价值观、办学核心理念,人心不齐、工作热情不高、"学习型学校"的特征不显著,学校的发展缺乏强劲的持续力。部分学校领导班子在学校管理方面缺乏战略性规划,尚未形成明确、科学、适度超前的办学理念。有的学校聘请从事企业形象识别的文化公司帮助本校设计文化形象识别系统;有的学校生搬其他学校的文化建设成果,导致了"文化移植"现象的产生;有的学校有悠久的历史和优秀的文化沉淀,但疏于总结、提炼和升华。

教职工队伍建设制度不完善。在校长的职前培养、任职资格、首任条件、聘用程序、日常监督、校本培训、晋升、奖励、惩戒、退出等方面的制度都有需要改革的地方;在教师队伍建设制度中,教师职前培养制度、教师资格制度、教师聘任制度、教师流动制度、校本师训制度、教师参与学校管理制度,都存在着一定的问题,影响着教师队伍整体素质的快速提高❶。

就目前许多学校实际情况来看,制度障碍已经成为我国基础教育阶段学校建设与发展的较大的障碍之一。建立健全科学规范的规章制度,建立起民主的、法制的、以人为本的、开放的、公正透明的、运转高效协调的、与社区相融合的现代学校制度,推动学校尽快从传统走向现代,从封闭走向开放。实行制度管理,有利于推动学校各项工作的开展。

2. 学校制度建设原则

(1)制度的建设要遵循国家教育法律、方针、政策,"依法治校"。教育部2012年出台《依法治校——建设现代学校制度实施纲要(征求意见稿)》,对依法治校的意义、目标、做法,做了详细阐释。事实证明,若一项制度出台之后能切实发挥其应有的规范、约束、教育、引导、鼓励等作用,管理者又能依据制度给出恰如其分的评价和奖惩,"依法治校"才算真正落到实处,现代学校制度建设才是成功的。若制度的制定与执行是"两张皮",不但大大削弱制度本身的严肃性,而且也有可能增加"人治"的随心所欲,只有做到"制度面前人人平等",依法治校才能体现现代学校制度建设的高效、严明。

依法治校要紧紧围绕和服务于学校人才培养、提高教育质量的根本任务,体现学校特色,关注师生需求。依法制定学校章程,再依据章程,形成学校系统全面的制度体系。学校章程和规范性文件,应当加以汇编,便于师生了解、查阅。

(2)建立制度要根据校情。"宽以济猛,猛以济宽"。孔子说:"宽以济猛,猛以济宽,政是以和。"即"用宽和调剂严厉,用严厉调剂宽和,政治因此而和谐"。虽然说的是政治上的宽严之分,然而,用在学校管理上依然有效。

建立制度要与校园文化相融合。每所学校,校园文化各有特点。制度的制定,要考虑校园文化的因素。一个制度,与校园文化相融洽,执行起来就顺利;如果与校园文化相抵触,执行起来困难就多,在制定制度时,就要充分预测执行难度,同时采取相应的保障措施,保证制度能够执行。

---

❶ 叶莎莎. 现代学校制度建设的着力点在哪里[N]. 中国教育报,2008-03-04(005).

（3）制定制度要以人为本。现代学校制度的建立,强调以人为本,重视人的需要;注重人的持续发展,以正面激励为主。

要关注人的持续发展。首先,关注学生的持续发展。我们积极倡导"以人为本""以发展为本"的教育理念。这一理念的终极目标就是:实现学生的可持续发展。现代学校制度的建立,不仅要关注学生知识文化的传授,能力的培养,更要关注学生道德品质、习惯、个性、创新精神的培养。关注教师的持续发展。面对信息技术的加速发展,终身学习观念的确立和教育国际化的大趋势,教师要适应新时代需要,现代学校制度的建立,必须关注教师持续发展问题,用制度促进师德、师智、师能不断发展。

制度的制定要发扬民主,规范通过。学校制度的建立,要有合法的程序。首先,必须获得相关利益群体的认同和接受;其次,制度通过的程序要具备正当性,即须经过合法的程序。另外,制定制度要多正面激励,少惩罚。用激励的方式达到惩罚的效果。

（4）制定的制度可操作性强。制定制度,是因为工作需要,用来规范人的行为,协调人际关系,把冲突限制在一定范围内。制度的生命在于运行,不具有可操作性的制度如同废纸一堆,没有任何价值和意义。可操作性原则要求制度设计者做到以下几点:制度要求不宜太高;职权、义务和责任明确;制度安排必须尽可能考虑到各种可能情况,做到有章可循;合理预测制度实施可能遇到的阻力,并通过制度的巧妙安排减少制度实施阻力。尽可能地防止钻空子。

（5）公平、公正,让每个被管理者有平等的机会。制度是保障公平公正的,制度的制定也要公平公正,让每个人有平等的机会。

（6）制度执行要以身作则,刚柔并济。学校制度,最终还是要师生自觉执行,自我管理。以身作则,要求班子成员带头执行。制度运行好坏的关键之一是领导能否带头执行,公则明,廉则威,领导班子只有身先士卒、率先垂范,才能更好地维护制度的权威性,产生良性的上行下效效应 刚性执行是必要的,柔性执行也不可少。主要还在于教育师生自觉遵守制度,形成一种良好的风气。

（7）制度建设要不断创新。每一种制度运行一段时间,就会出现一些问题,因为教师学生有对策了,钻空子,根据出现的问题,在原有基础上,进行创新。这就是管理制度的"诱致性"创新。随着教改的深入,政策的改变,过去的制度不适应新形势,也要进行制度的创新,这是强制性制度创新。例如,绩效工资实施以后,学校不允许发福利,以前的许多分配制度不能适应新要求,就要创新分配制度❶。总之,制度建设是动态的、不断发展的过程,需要不断地发展完善。

3.九江三中制度建设实践

俗话说:无规矩不成方圆。学校规章制度就是全体师生必须共同遵守的规章、规定和规范。它是党和国家的各种方针、政策、法律在学校日常工作、学习和生活等方面的具体体现,是实行科学管理办好学校的重要保证。当然学校各项制度的建立需要切合学校实际,制定的过程中实行民主,特别是重大管理措施或制度要经过教代会或全体教职工讨论通过,这样,才能保证制度的科学性,才能得到全体师生的认可并自觉地遵守。

九江三中建立健全科学规范的规章制度,建立起民主的、法制的、以人为本的、开放的、公正透明的、运转高效协调的、与社区相融合的现代学校制度,推动学校尽快从传统走向现代,从封闭走向开放。实行制度管理,有利于推动学校各项工作的开展。

(1)有利于建立正常的学习和工作秩序。学校是个大家庭,它是一个多因素、多层次、多系列、多结构的复杂的综合体。要把这个综合体里的每一个成员的智慧和力量发挥起来和组织起来,高效能地完成教育教学任务,培养出现代的新型的人才,就必须有一套科学规范的规章制度,使师生的工作、学习、生活有规可循,有矩可蹈。实践证明,凡是这样做的学校,也就会有一个正常的学习和工作秩序,学校的各项工作就能按目标、按计划、按规律有序地开展和运转。

(2)有利于调动师生的积极性。对于每一所学校来说,只有在它的每一位成员的积极性、主动性和创造性充分发挥起来,形成一股无穷的力量时,这所学校才能办得好。当学校建立起符合教育发展规律、符合现代管理原理,并能充分体现社会道德观念和行为规范的规章制度时,就会使全体师生员工知道:应该做什么,不应该做什么,以及各自的主要职责是什么;哪些地

---

❶　朱家芳.现代学校制度建设若干问题思考[N].消费日报,2014-01-22.

方不但高质量完成学校任务,而且会受到学校奖励和鼓励;哪些地方没有完成学校的任务或没有履行自己的义务和职责,可能会受到批评教育或者惩罚。这样,就能把全校师生员工的积极性调动起来,推动学校各项工作的开展。

(3)有利于学校学风、教风、校风的良好形成。学校规章制度的显著特点是具有实践性,通过制度约束和激励,师生员工在学习、工作、生活中按制度行事,行为得到规范,并在日积月累,反复实践的过程,形成一种良好的风气和优良的学习、工作习惯,进而形成良好的学风、教风、校风,而"三风"良好形成是各类学校走向健康发展的重要举措❶。

九江三中经过近几年的努力,建立健全学校的各项管理制度,切实将制度管理做到实处,让所有事务都有法可依,有章可循。办公室、教务处、政教处、科研处等 12 个部门,每个部门都有自己相关工作的管理制度和职责规章。

班级财产设备管理制度

班级财产设备管理是学校总体工作的一个重要组成部分,也是评估一所学校、一个部门、一个班级的重要依据。为进一步培养学生热爱集体、爱护公物、讲究文明的良好行为习惯和学生自我管理能力,保持教室的整洁美观,创造一个良好的教学环境,有效地落实我校班级财产设备的管理工作,把财产管理工作与学校教育有机地结合起来,特制定如下规定。

(一)班级财产设备的清查、交接

学生课桌椅不得随意调换。

(1)清查:每一学期结束,由总务处协同相关部门对全校各班教室内财产设备进行清点、登记。

(2)交接:每学期开学初,由班主任到总务处领取相应班级的财产登记表,按一式两份填写,一份交班主任,一份交总务处留底备案。班主任按登记表上所列财产对本班财产设备签收、认可。如中途班主任更换,应先由总

---

❶ 邓雨鹏. 论学校制度建设与人本管理的关系[N]. 韶关日报,2006 – 01 – 25(005).

务处对其班级财产齐备进行清查,然后由新任班主任到总务处领取新的财产设备登记表。

(3)班级财产设备,包括电视机、电风扇、音箱、桌、凳、门、窗、黑板、日光灯、开关、插座等。

(二)班级财产设备管理

(1)班主任为班级财产设备管理的总负责人,认真制定本的财产保护措施。

(2)各班主任必须经常教育学生爱护公物,负责督促,出现问题及时报修;损坏财物者均按有关规定进行赔偿。

(3)每个学生使用的课桌、椅子不准涂写、刻字。如发现有螺丝松脱等情况出现,应及时到总务处报修;如出现小问题不及时报修,出现大的问题时则按相关进行赔偿。

(4)各班财产不能互相调换,不能随意移动到室外(校、年级集会例外)。各班必须节约用电、用水。

(5)教室内的各种设备应由班主任指定学生管理,按照相应的操作规程进行,其他学生不得随意使用各种设备。平时对各种设备要做好卫生打扫工作。如有故障出现应及时到总务处报修。

(6)对所损坏的设备,均需由班主任到总务处填写报修单,由总务处组织人员进行维修;维修妥当后,需由班主任签名验收。

(7)每学期结束,由学校总务处、政教处组成检查小组到各班检查评估财产管理情况。

(8)班级财产设备管理,作为班主任考核、学校评选优秀班级的参考依据。

节能管理办公室联络员职责范围

节能管理办公室是总务处是在学校节能工作领导小组领导下,负责学校节能管理工作的职能部门。

联络员:××

(1)负责按月上报能耗统计数据;分析学校用能情况。

（2）负责学校水、电、燃气年度经费支出、回收的管理工作及对外协调和市相关职能部门。

（3）负责处理学校水、电、燃气的节能管理工作。

（4）负责制定和落实学校水、电、燃气支出回收的管理办法。

（5）负责核查水、电、燃气计量工作。

（6）负责跟踪检查水、电、燃气的使用状况，并对节能提出合理化建议和改造方案。

（7）负责学校水、电、燃气支出及回收的台账的建立并建档及有关资料的管理。

（8）负责学校节能宣传工作。

（9）完成领导交办的其他工作。

九江三中节能领导小组

二、创新管理措施

（一）学校管理中面临的挑战

多年来，中小学通过多种形式加强学校领导队伍建设，取得了一定的成绩，管理效能也有一定的提升。但也还存在许多的问题，师生不满意的地方还很多，学校在管理上，主要还存在着以下五点不足❶。

（1）创新意识不足。表现在思想上因循守旧，对困境束手无策，顺境又安于现状，忧患意识和责任意识不强。

（2）人本思想不强。表现在学校管理中，没有真正将教师和学生的根本利益放在首位。对教师考核多，指导少；批评多，激励少。部分领导不够重视师生的利益，不够重视师生的意见和需求，缺乏"以人为本"的管理理念。

（3）履行职责不力。主要表现在职责不清，遇事互相推诿，好事抢着上，难事相互让，有的事不关己，高高挂起。就如有的人所说的，是一部分人在干，一部分人在看。

---

❶ 杨杰洪. 提升学校管理效能，促进教育优质发展[J]. 科技资讯,2007(23):196－197.

（4）服务意识不高。有一句话,叫作"管理就是服务",有的学校领导在服务意识上仍有所欠缺。

（5）自律意识不够。主要表现在思想上放松对自己的要求,不拘小节,宽以待己,严以待人;工作上不讲奉献,这些都影响了我们领导的形象。

因此,我们要提升学校的管理效能,必须革除学校领导工作中存在的这几方面问题,通过创新管理措施,使学校领导的作风有明显。

在教育教学工作中,九江三中大力实施三大管理措施,积极推行三大策略,大力发扬三大传统,始终坚持三大结合,精神引领和制度规范相结合、过程管理和终端控制相结合（过程讲精细、终端讲激励）、层级管理和具体管理相结合（层级管理重分工、具体管理重职责）。促进了九江三中管理制度的完善和管理效率的提升。

（二）三大管理

1.走动式管理

管理贴近学生,贴近家长,贴近教师,管理者走出办公室,走进教室,走向责任区。干部做到勤政务实,以身作则,严于律己,敢于管理,善于管理,敢担责任,不提交矛盾,不包衍问题,成为教师师德的榜样,成为教学工作的带头人,成为教育业务的引导者。发扬九江三中"勤"的传统,多走动,从我做起,从小事做起,身体力行,用自己的行动感染学生。

走动式管理分为三个层面执行,①值周,校长带 4 个人从早上 7 点学生入校开始在校门口欢迎,到早读检查,一直到晚自习。实行四走:早读、上、下午课间和晚自习走动管理。落实校长下年级工作制度。每个校级领导蹲一个年级,积极参与年级和教研组的具体教学活动,从教学计划的制定、师资的配备到常规检查、日常检测、教学质量分析、教研活动的开展都要全程参与,绝不做旁观者。每天多走动,每天走学校一圈,看一下上课情况,学生的反映等,办公室配有专门的副主任,特别是早自习、晚自习,发现问题,及时处理;②教学,教学常规行程,上下午去课堂检查,看学生的专注度,如果有 3 个以上学生睡觉便会在全校予以公示。教务处每天安排一位主任或干事,巡查课堂情况没有情况认真记载,并予以公布;情况严重的,则安排谈话,限期整改;③年级部,在本级部经常走动。走动是立体式走动,一方面可以提高管理者的影响力,另一方面可以在宏观和微观层面关注学生、教师和教学,体现学校的管理。

2. 精细化管理

在工作落实的环节上,在管理的精细上,在追求工作的实效上狠下工夫,做到凡事有目标,有程序,有监督,有质量。工作管到每一个环节,每一个节点,甚至每一个节点的节眼上去,切实保证教学工作正常进行和教学质量稳步提升,保证学校目标和谐、高效完成。

九江三中的管理精细化就是要把牢管理的各个环节,①教学上,抓牢教学五环节,备课、上课、作业、测试和辅导,做到有讲必练,有练必收,有收必评,细到每个节点;②安全上,由于九江三中学校面积较小,学生人数较多,做操分批进行,运动会初高中分开进行,把人进行分流,放学错高峰。周一升旗时有专门的教师负责疏散通道的安全,值周的人站在楼梯口守着疏散学生,保证学生的安全;同时,校园里安装了88个摄像探头覆盖学校每个角落,让99个班的班长和团支书参观监控室;校园门口的商店曾向学生零售香烟,为了杜绝这种事情的发生让派出所协助管理等。工作破除一个"满"字,突出一个"实"字,落实一个"好"字,彰显一个"和"字,切实保证教育教学工作正常进行和教育教学质量稳步上升,保证学校目标和谐、高效完成;③各方面管理到位,对教师进行职业培训,让教师们了解掌握"三三教学模式",了解作业、周考、月考、资料使用的详细规定,了解高三的进度,进行制度化管理。

3. 人文性管理

以人为本,在切实关心和维护师生的合法权益上,在更好地服务教育教学上,想实招,练内功,动真劲,求实效。为每个教师的智慧和才能的发挥创造机会和条件,营造平等友爱、融洽和谐的人际环境,创设民主、积极向上的气氛。

九江市三所重点学校竞争大,九江三中教师工作量大,压力大,容易疲惫,尤其是班主任要早上7点到学校,高中的晚自习要到晚上22点。为了保障教师的各项权益,学校在工作中以尊重人、激励人、关爱人、发展人为前提,为每个教师智慧和才能的发挥创造机会和条件,营造平等友爱、融洽和谐的人际环境,创设民主、积极向上的氛围。从教职工的长远发展出发,支持教师参与各类进修和业务培训,为教师提供乐业的空间、发展的空间、创新的空间,发掘教师的潜能,激发教师的内部动力。大力培植群体精神和群体意识,从而获得效益的整体提升。对怀孕的教师,有一年半的时间保胎生产;对于生完孩子的老师减轻其工作量,让其带五六十人的小班;同时学校还为教师提供了各种各样的活动,如登山、学习培训、早餐补贴等,师生关系和干群关系都比较和谐。

"老师有所求,校长必有所依",只要是不违背原则的事情校长和学校都会尽全力帮忙。既帮助解决教师子女的就学和就业问题,也做教师婚庆的证婚人,红白喜事学校领导都会到场,或是向家庭有困难教师伸出援手,每年组织相关活动,组建如登山协会、羽毛球协会、瑜伽协会等多个教师协会等。九江三中投资 12 万修建的健身房也是给老师们使用的,还有老年协会、老年活动室等。同时,让教师有成就感,只要你取得好成绩,就会给你相应的荣誉奖励,每年都会有很多评选活动,为教师提供展示舞台,如五个十佳的评选、最受欢迎的教师等;让教师有幸福感,学校领导关心教师,任课教师的成绩,同时还有和谐的人际关系,无论是干部之间的、干群之间的还是同事之间的关系都比较融洽和谐。

(三)三大策略

九江三中积极推行"以教研活动的扎实开展,推进教师专业化成长的策略;以抓教学环节管理,提高课堂四十五分钟效率的策略;以强化学校管理来优化学校发展环境的策略"三大策略。

1. 以教研活动的扎实开展,推进教师专业化成长的策略

加强常规教学及教研工作,切实提高教学效益。坚持以研导教,以教促研,研教结合,不断拓展教研工作思路;大力推进信息化建设;鼓励教师在课堂上创造性地运用一切可以用的教学手段;重过程,重形成,科学评价学生。常规性教研,计划性强、制度化形成良好的教研风气,组织大范围的听课、观摩教学、评课、优质课评选活动,如举行了"九江三中首届琥珀杯教师基本功大赛""教学活动月""青年教师优质课大赛""九江三中教学经验交流会"等活动,并以此类活动强化提高教师的业务水平。建立了"教育科研"平台,每学期一期《教育科研》《教务工作简讯》,已成为教师

交流、探讨的平台。

2014年年初,九江三中初一和高一的备课组进行改革,将以前单个人的备课改为高效的集体备课,交流互助共享。一共有7个学科,每周有固定的备课时间,每个备课组的书会分到每个成员手中,每个成员负责其中的几个章节,一般是本周讨论下周的课程,共同讨论、完善和修改教案。总备课人负责准备好材料,将所有人的教案集中起来形成一本大教案,教师经过这样反复不断的折腾磨炼,不断成长。

2. 以抓教学环节管理,提高课堂四十五分钟效率的策略

如何提高课堂教学的质量是九江三中工作的核心,孔夫子的启发式、互动式和个别指导式都有很大的指导启发意义。九江三中要求教师做到三点:①提高学生的专注度,全神投入课堂;②提高学生的兴趣度;③点燃学生的激情。

进一步细化备课、听课、评课、评价等举措,着力提高课堂教学的质量和效益,使教学质量有了一个大的突破和飞跃,重点抓好四个关键环节:一抓备课,重在教学过程设计方面进行引领;二抓听课,营造相互学习的氛围;三抓评课,做到听课必评,尤其是课堂教学效益的评价;四抓评估,主要是对办学绩效的评估,既注重学习效果的评估,更注重对学生全面素质的评估。

3. 以强化学校管理来优化学校发展环境的策略

深化教育改革与创新,进一步转变观念,让学校成为学生健康成长、个性发展的乐园,教师生活愉悦、工作幸福的家园。拓宽艺体特色教育思路,建立常态运作模式,倾力打造特色办学品牌。

在教学实践中落实"四个转变":即从以教师为中心的教育向以学生为主体、教师为主导的教师观转变;从教育只为升学服务的目标观向教育是为了学生终生发展打基础,提高全民素质的目标观转变;从忽视个体差异,以分数论英雄的人才观向因材施教、培养能力、张扬个性的人才观转变;从重结果轻过程的评价观向结果与过程并重的评价观转变,让学校成为学生健康成长、个性发展的乐园,教师生活愉快、工作幸福的家园。

(四)三大传统

九江三中大力发扬"沉下去,多走动;贴上去,多实干;钻进去,多思考"

的三大传统,鼓励学校领导班子和中层管理干部深入教育实践,了解并解决问题。

(1)沉下去,多走动:无论是学校领导班子还是中层领导干部,不能只停留在理论研究和听汇报的层面,九江三中鼓励干部们多去年级组和班级走动,走出办公室,走进教室,走向责任区。

(2)贴上去,多实干:与一线教育一起,认真履行职责,深入各个年级组,及时了解、反馈教师在工作中遇到的困惑,并协助对所遇到的问题进行分析、解决,以此作为修正、完善学校相关管理制度的依据,并检查年级组工作开展的实效性,完成对年级组及教师的他评。

(3)钻进去,多思考:深入思考,解决问题。遇到问题时不能简单进行外部归因,要深入挖掘产生问题的原因,思考如何在今后的工作中避免此类事情的发生,并协助教师和年级组解决问题,修正完善学校相关的管理制度。

九江三中学校管理建设

严格的规章制度,是学校发展的先决条件;管理的贯彻落实,是学校发展的坚实保障。

在学校的发展中,九江三中将始终不渝地坚持三大管理:走动式管理、精细化管理、人文性管理。坚持三大结合:精神引领和制度规范相结合、过程管理和终端控制相结合(过程讲精细、终端讲激励)、层次管理和具体管理相结合(层次管理重分工、具体管理重职责)。实现三个强化:教学常规管理(备课、上课、辅导、检测、作业)、德育常规管理(养成教育)、教研常规管理(备课组建设)。

教育教学工作中,坚持面向全体学生,让每一位学生在九江三中得到充分的发展,充分享受求知的乐趣。班级管理采取新举措,实施导师制,由学生自主选择任课教师做自己的导师,导师的职责是帮助学生做人生规划,进行课程辅导、心理抚慰,关注学生的学习和生活等。特别加大学困生、后进生帮扶、转化工作,确立"不放弃每一名学生"理念,建立动态跟踪监测制,实行跟踪转化、重点转化,并把后进生转化工作切实落实到教师工作评价、教学质量评价中。

三、民主参与管理

民主参与管理,强调的是让基层公民参与政府、社会组织影响他们生活和个人发展的决策过程。卡尔·科恩在《论民主》一书中强调:"民主取决于参与——即受政策影响的社会成员参与决策",认为"弄清参与的具体内容就可以对任何实际社会所实现的民主的程度作出理性的估价"。科恩还认为:"民主是一种社会管理体制,在该体制中社会成员大体上能直接或间接地参与或可以参与影响全体成员的决策。"❶参与管理的理论基础是管理学家提出的关于人性假设的理论。美国心理学家梅奥在霍桑实验后提出了"社会人"假设,认为人的工作以社会需要为动机,人们希望管理者能够满足自己的社会需要和自我尊重的需要,持这种人性假设的管理者提出了"参与管理"的形式。随着现代管理从传统的以事为核心转向以人为核心,"以人为本"管理的关键就落在了职工参与管理上,强调让员工共同参与管理,强调企业的发展与员工的关系,以命运共同体的形式调动员工参与管理的积极性。❷

学校民主参与管理其实就是把民主所包含的自由、平等、公正的理念引入学校管理实践中,强调的是被管理者(教职工)参与管理的民主权利和自由,以及平等的参与管理和决策的机会,以及被公正的对待。学校民主参与管理的目的是调动、激发起学校全体教职员工的积极性和主动性参与学校重大事项的管理、决策,并对学校行政权力进行监督和制约,以保证行政权力不被滥用,教职工权益不被侵犯,学校管理更加科学和高效。❸

九江三中管理上坚持以人为本,着力营造和谐阳光的人文环境,让教职工在民主宽松的氛围中愉快工作。认同并容忍教师的个性和缺点,尊重人、理解人、激励人、发展人、成就人,用心营造宽厚、宽容、仁爱、人文的校园环

❶ 科恩.论民主[M].聂崇信,朱秀贤,译.北京:商务印书馆.1988:12.
❷ 董从勋.论教师参与学校管理[J].中国教师,2005(6).
❸ 王莉.中小学民主管理现状调查与研究——以甘肃省部分中小学为例[D].西北师范大学,2013.

境,让每一位教师、每一名学生都能享受到阳光的照耀、雨露的滋润,感受到成长的快乐。

(一)建设作风民主领导班子

九江三中积极建设和谐、务实、奋进的学校班子,倡导校长要炼成"五"素养,达到三境界。五素养:一是无欲则刚,有容乃大;二是要有人文情怀,重工作,也重感情,善解人意;三是处事公道正派,其身正,有令则行;四是思想深邃,精神强大;五是温文儒雅,学者气质。三境界:能静得下来,静是一种心理境界;能沉得下去,沉是一种工作境界;能稳得住人,稳是一种道德境界。在实际工作中注重发挥每个班子成员的聪明才智,努力营造"知无不言、言无不尽""闻过则喜"的民主氛围,集中智慧,凝聚力量。倡导干部争做"六者型"干部:制度落实者、责任担当者、忠实服务者、成长激励者、和谐维护者、精神引领者。

同时,学校还建立了干部联系年级部、教研组制度,做到情况摸得准、工作做得细。学校干部每学期听课不少于2节,主管教学的干部每学期听课不少于4节。

(二)发挥教代会作用,建设群言堂校园

自20世纪40年代以来,教师参与学校管理和决策已成为教育管理研究和学校管理实践所关注的焦点。许多研究表明,学校鼓励教师参与管理与决策,对规范学校管理行为,提高学校管理效率,加强学校民主和科学管理,促进管理创新和学校发展都具有积极的作用❶。

教师参与管理与决策是学校实施民主办学过程中的一种具体的管理制度和运作模式。教师参与决策的主要目的在于,使组织成员有机会参与组织的决策,增进组织成员对组织决策过程的了解,以激发成员的责任心,使之愿意为组织目标的实现而贡献力量。外国专家 Crowther Hann 和 Mc Master 提出了教师民主参与的含义:"教师民主参与是教师与校长们共同合作,发展能力的过程。它包括互相尊重,为了共同的目标齐心协力。教师民主

---

❶ 宋明钧.教师参与:学校成功发展的关键[J].中国高教研究,2006(4).

参与尊重个人意见表达,尊重个人贡献。"❶"教师民主参与强调相互尊重,共享目标和允许个体表达。它鼓励在教师参与者和行政领导人员之间建立相关(关系)来启动和维持学校传承知识的能力。"❷显然,教师民主参与蕴含着诸如协调性、定向性、合作性,以及交互性等品质,具有共同性、平行性、参与性、互动性、发展性等特征,教师成为合法的、相互信任、相互尊重的参与者是教师民主参与管理与决策的实质所在。❸

教师参与学校管理是学校管理民主化的一种重要表现,它不仅体现了学校民主管理的形式,也决定了学校管理民主化的程度和管理的质量。教师参与学校管理是法律赋予教师的特殊权利,也是教师作为学校管理主体主人翁地位的体现,教师的参与管理权理应得到很好的实现。❹ 学校管理民主化的进程需要教师的参与,现代学校的人本管理趋势需要教师的参与,学校校长负责制的完善需要教师的参与❺。教师是学校的主人,学校的改革和发展离不开教师的参与。首先,教师参与决策能促进学校的改革。教师在参与学校决策工作过程中,与校长及其他行政领导逐渐形成合作的工作关系,养成合作的工作能力,可形成一种比较积极的学校氛围,从而促进整个学校的发展。因此,教师参与决策对改善学校管理、推进学校民主、加强科学决策、促进管理创新和学校发展都具有积极的作用❻。

加强民主管理制度,增强民主意识,每年召开一次教职工代表大会,推行重大事项由学校教代会集体讨论通过执行的方式,强化学校管理的民主化进程,增强了广大教职工的主人翁责任感。完善校务公开制度,增强对职称评聘、年度考核、评优评先、招生、重大决策和重要资金投入工作的透明度。加强财务管理,严格遵守财经制度。加强学校各项工作的规范化建设,

❶ Crowther F. Hann L. Mc Master J. Parallel leadership: A new strategy for successful school reform [J]. The Practising Administrator,2001(4).

❷ Crowther F,Kaagen S,Ferguson M,Hann L. Parallelism: Building school capacity through shared leadership[M]. Ch. 3 in Developing Teacher Leaders : How Teacher Leadership Enhances School Success. Thousand oaks ,Calif,Corwin Press,2002.

❸ 宋明钧. 教师参与:学校成功发展的关键[J]. 中国高教研究,2006(4).

❹ 董从勋. 论教师参与学校管理[J]. 中国教师,2005(6).

❺ 王春艳. 普通高中教师参与学校管理的现状及改进策略研究——以泸州市三所普通高中为例[D]. 四川师范大学,2013.

❻ 宋明钧. 教师参与:学校成功发展的关键[J]. 中国高教研究,2006(4).

使学校形成一种良性竞争的环境。在学校人事安排、调进、调出教师等都要经过干部会讨论,集体决定后再执行;研究制订学校工作计划、全面评议考核干部、为教职工谋福利等事项,都经过"自上而下"和"自下而上"的程序反复征求意见后,付诸实施。

(三)校务公开,公示热点问题

1.公示学校重大决策及执行情况

对于学校公开干部选拔、骨干教师评选、领导政绩、基建维修资金、食堂账目,以及人事调配、职称评定等行政、党务、后勤方方面面学校可以和需要公布的九江三中都进行公示。公示是一种态度、一种诚意。而公示后暴露和反映出来的问题,究竟如何处理,也是教职工盼望了解的内容。如果只是把公示作为告示,对教职工反映的意见,以大事化小、小事化了的态度处之,就会大大降低对公示制度的信任度,甚至产生抵触情绪。

2.公开学校管理中的重要情况

主要包括大宗器材设备及办公、生活福利用品采购情况;教学质量工作中的重要情况;各项管理费用的控制标准及执行情况;基建工程项目决策;招投标和竣工验收情况等。

3.公示职工切身利益有关事项

主要包括招工录用、人事任免的情况;职工工资和奖金分配方案;职工培训、职称评聘、评先树优方案;住房分配及住房公积金、养老保险金等收缴、管理、使用情况。

4.公开党风廉政建设主要事项

主要包括重大事项报告、礼品登记制度的情况、使用公车、通信工具及费用开支情况;领导干部任期经济审计情况;职工代表评议干部结果等。让校务"晒太阳",不仅可以"晒"掉"水分",体现真实,也可以纠正少数人弄虚作假的歪风。教职工对这项工作了解越深越多,越容易与组织者产生共鸣,达到社会的普遍支持。教职工在思想上和行动上的参与范围越广,越容易实现好中选优。

2014—2015 学年度第一学期第十七周校务公开[1]

一、办公室

(1)迎接目标管理考评检查;

(2)做好"百日大会战"信息上报工作;

(3)做好校务公开、考勤、卫生检查及日常工作。

二、教务处

(1)加强常规教学管理工作;

(2)做好学考后高二年级课程调整工作;

(3)做好高三九校联考命题工作;

(4)做好初三名校联考物理命题工作;

(5)做好2015年初三春季招生工作;

(6)高二月考工作安排。

三、政教处

(1)继续开展校园科技文化艺术节活动:

①各年级文艺演出比赛。

②高一年级英语歌曲大赛等。

(2)开展省、市"三好""优干"推荐工作;

(3)在学生中开展"身边好人"选树和宣传工作;

(4)继续强化常规管理,安全教育和养成教育。

四、科研处

(1)参加本周四市教育学会年会;

(2)校稿第23期《教育科研》;

(3)评选校首届"教坛新秀"。

五、总务处

(1)做好校体育馆舞台灯光线路检修工作,完成科技楼、教师宿舍落水管改造工作;

(2)继续做好学校二次供水年审工作,加强教学区水电设施的检修,做

---

[1] 九江三中,http://www.jxjjsz.cn/Article/ShowArticle.asp? ArticleID = 2364.

好校园环境卫生保洁工作。

六、工会

开展教工足球赛。

七、团委

做好广播操、卫生包干区检查等常规工作。

八、现代教育技术中心

做好常规工作。

九、体艺中心

开展教工足球赛、学生足球、篮球赛。

(四)公选人才

竞争上岗和公开选拔冲破了"由少数人在少数人中选"的局限,凡是符合报名条件的都可以平等参与竞争上岗和公开选拔,大家都在同一起跑线上起跑。在学校公选工作中,中层干部、骨干教师甚至校长等可以竞争的岗位,都可以进行公选。公选制杜绝了论资排辈、靠关系等不良现象,也避免近亲繁殖,使具备真才实学的人有了展示才华的舞台。

(五)培养学生的民主意识、参政能力

学生的民主参与管理是指让学生行使对学校民主管理的权利,使学生从被动接受知识、接受教育、接受管理的陈旧模式中进入一个获得综合实践能力的崭新课堂。

①学生以主体身份和意识参与学校有关事务的计划、实施、检查、总结的活动过程。②从正式组织中分享一部分管理权,同时要承担一部分责任。③参与的目的就是加强自我管理,提高学校管理的效率,加快学校民主化管理的进程。九江三中的学生参与管理是指在学校的管理活动中,学生作为核心利益相关者,充分发挥自身的主动性和能动性,通过一定的形式积极地将情感、才智等投入学校有关事务的计划、实施、检查、总结等管理活动中,为学校管理目标的实现作出贡献,提高管理效能并切实维护学生自身权益。

以学生为本,培养学生的自主能力和创新能力是九江三中对学生进行人本管理的核心。学校把挖掘学生潜能,激发学生热情,培养学生自主和创

新意识作为教育教学管理的最终目标。

广泛听取学生意见，尊重学生需求是民主办学的核心内容。不仅放权让学生参与学校和班级管理，培养学生的主人翁责任感，而且放心让学生参与教学及各项评价，教学相长，并放手让学生自己组织各项大型活动，锻炼学生的创新、组织、策划、协调、自我管理等能力，在全面参与学校发展的过程中实现学生的全面发展。校本课程的开设，要聆听学生的意见；学生参加选修课程学习由学生做主；推行课堂教学新模式，要征求学生满意度；排除安全隐患，提出改进策略，要请学生参与；学生食堂"吃什么"，由学生民主决定菜谱；"怎么吃"，就餐方式，用餐学生投票决定。学校调研了"份餐分配制""围桌共餐制""自主选餐制"三种模式，召开学生座谈会听取意见并请学生投票选择，根据学生意愿确定用餐方式。学生有膳食管理委员会、学生自治会等组织机构，通过这些组织代表的表达学生的声音。

（六）和谐的家庭、学校、社区合作关系

除了学校内部的管理外，九江三中还积极与家庭和社区合作，邀请家长和社区加入学校管理中。通过校园网网络平台收集社会对学校评价，家长会、家长委员会等收集意见，走访社区，尤其是靠近学校社区了解对学生学校的建议。

1. 家校合作

完善家长委员会制度，设立学校教育开放周，邀请家长参与学校治理，形成育人合力，如在开放集中展示成果等时邀请家长参加，军训时邀请家长参加。

同时，为了及时与家长沟通学生的学习和生活状态，九江三中规定了教师家访的人数和要求，"足迹踏遍浔阳，真情洒满九江"。每人每学期家访20～30次，寒暑假家访100%，电话访谈则更是不计其数。开学之后学期之中4个活动教育月，三月两周集中家访周不少于10个，有些班级基本全部家访，高中由于有晚自习比较少一些，家访情况汇总：学生姓名等，反映学生关心重视学生，有些家长缺少教育方法，管不了得过且过，老师上门家访一是可以让家长感到学校重视，二是教师了解学生家庭情况，不是学生有问题去家访而是需要加强对其了解而家访，不是告状式的，家访后学生和家长都比

较愉快。教师在观念、理念上指导家长,教师意志"不坚定"学习了解先进前沿教育理念,家长只关心学生的成绩意志坚定,教师的观念走到前面,做法则慢慢来,逐步解决应试和素质教育之间矛盾。

家庭教育对学生非常关键,2014年九江三中搭建了家校合作的网络平台,这是南昌大学研发的专门的软件,目前尚未还未全面推行,约40%的班级正在使用。主要是班主任与家长沟通,内容主要是布置作业、公布学生考试成绩、征求家长的建议意见等。

初一和高一的初始年级的家长会,每学期至少3次,分别在开学初、开学一周时、学期末的家长会。学校领导校长、主管德育、教学副校长通过闭路电视讲话让家长了解学校情况,了解起始年级活动反馈,家长对讲座的反馈等。

一次家长会的联想❶

九江三中刚开学就召开家长会,这是一个良好的开端,是新学年新学期良性运行的起始。老师和家长尽管都很陌生,但为了一个共同的目标,感情就很快融合在一起。老师本着"勿谓言之不预也"的观点及时把学校的规章制度、教育方法告诉家长,提高透明度,以期得到家长的理解和支持,齐抓共管,可谓用心良苦,在家长心中产生广泛的共鸣。

九江三中之所以声名远播,长盛不衰,全靠辛勤的园丁精心打拼和营造,罗马古城,非一日之功。

"教师"是太阳底下最光辉的职业,然而"传道、授业、解惑"又是最艰苦、最细致的工作,需要道德情操的示范、知识的灌输和涓涓细流的感情滋润。尤其是班主任,要对全班数十位学生的道德品质、行为习惯、学习态度、基础状况、家庭背景进行全方位的调查、研究,因人而异,因材施教。别看他位卑,但在学生的成长道路上却起着举足轻重的作用。他们所教导的学生在不久的将来,有的走上政坛,有的是企业界的厂长、工程师、老总。学生群体成功背后,总有老师持久的影响力和渗透力。

---

❶ 九江三中,http://www.jxjjsz.cn/Article/ShowArticle.asp? ArticleID = 1183.

办特色学校　建幸福校园

　　在物欲横流的现实生活中,老师,特别是小学、初中的老师仍然是清贫的"穷秀才",甚至有些权益都得不到很好的保障,但他们不自卑,一如既往。尽管时有牢骚,但一走上庄严的讲台,什么私心杂念都抛到九霄云外去了。对学生循循善诱,把不谙世事的稚童逐渐培养成为有知识,有智慧,有道德,有情感的一代代新人。这一系列的教育过程需要倾注多少心血去教育和辅导。是啊! 多少个早晨,是老师们在浩浩烟海的知识海洋中遨游,把一杯杯甘泉带给校园滋根润叶、培桃育李,造就一批批人才;多少个子夜,备课,查资料、阅卷、批改作业,与孤灯对峙,与时间赛跑,发现问题及时引导。此刻,也许一些业外人士腆着肚子,打着酒嗝,邀月起舞,上网聊天,或者……

　　然而,他们却不改初衷,淡泊名利,忠于职守。正因为有这样一大批奋发有为的园丁在浔阳古城辛勤耕耘,才使教育战线的鲜花绽放,硕果累累,为全国各级各类学校源源不断地输送人才。

　　附诗一首:
　　凡传家长至三中,
　　绿树琼楼日影重。
　　校训传言含哲理,
　　彩旗绚丽展雄风。
　　视频再现宏图美,
　　生面别开情谊浓。
　　良苦用心联合力,
　　焚膏继咎上颠峰。

高一(7)班家长　沈友诚
2011 年 09 月 05 日

2. 社区合作

　　引入社会和利益相关者的监督,密切学校与社区联系,促进社区代表参与学校治理。九江三中主动争取社会资源和社会力量支持学校改革发展,如对于学校巨额的资金缺口,学校积极寻求社会力量的支持,保证学校正常的运转。鼓励学生走访社区了解情况,鼓励志愿者服务去敬老院、特教学校,鼓励去庐山风景区进行环境清洁。

九江三中管理文化❶

记　者：人们常说，管理就是一种文化，在一定意义上讲，没有管理就没有文化，就没有学校的科学发展，您能介绍一下九江三中的管理文化吗？

张成卓：九江三中提出"以人为本，刚柔相济，兼容和合，诚正仁爱"的管理理念，其中"和"是核心，并明确了"沟通是基础，服务是根本，激励是重点，引领是关键"的管理要诀。

管理上坚持以人为本，着力营造和谐阳光的人文环境，让教职工在民主宽松的氛围中愉快工作。认同并容忍教师的个性和缺点，尊重人、理解人、激励人、发展人、成就人，用心营造宽厚、宽容、仁爱、人文的校园环境，让每一位教师、每一名学生都能享受到阳光的照耀、雨露的滋润，感受到成长的快乐。

建设和谐、务实、奋进的学校班子。倡导校长要炼成"五"素养，达到三境界。五素养：一是无欲则刚，有容乃大；二是要有人文情怀，重工作，也重感情，善解人意；三是处事公道正派，其身正，有令则行；四是思想深邃，精神强大；五是温文儒雅，学者气质。三境界：能静得下来，静是一种心理境界；能沉得下去，沉是一种工作境界；能稳得住人，稳是一种道德境界。在实际工作中注重发挥每个班子成员的聪明才智，努力营造"知无不言、言无不尽""闻过则喜"的民主氛围，集中智慧，凝聚力量。倡导干部争做"六者型"干部：制度落实者、责任担当者、忠实服务者、成长激励者、和谐维护者、精神引领者。

建立科学的管理体系，健全内部管理制度，力求有事有制，有制有责，把细节做到极致，并形成"人人有事做，事事有人做，把事当事做，遇事争着做"的良好局面。九江三中将始终不渝地坚持三大管理：走动式管理、精细化管理、人文性管理。坚持三大结合：精神引领和制度规范相结合、过程管理和终端控制相结合（过程讲精细、终端讲激励）、层级管理和具体管理相结合（层级管理重分工、具体管理重职责）。实现三个强化：教学常规管理（备课、

---

❶ 袁世明，练炼.以文化人 琥珀山头春意闹——江西省中学优秀校长九江市第三中学张成卓校长访谈录[N].江西日报，2012－09－21：4.

上课、辅导、检测、作业)、德育常规管理(养成教育)、教研常规管理(备课组建设)。

教育教学工作中,坚持面向全体学生,让每一位学生在三中得到充分的发展,充分享受求知的乐趣。班级管理采取新举措,实施导师制,由学生自主选择任课教师做自己的导师,导师的职责是帮助学生做人生规划,进行课程辅导、心理抚慰,关注学生的学习和生活等。特别加大学困生、后进生帮扶、转化工作,确立"不放弃每一名学生"理念,建立动态跟踪监测制,实行跟踪转化、重点转化,并把后进生转化工作切实落实到教师工作评价、教学质量评价中。

坚持师德师风建设和坚守常识教育相结合。教育实际上成就人生两大主题"会做人""能做事"。告诫教师做人做事要求真、向善、爱美,不同的人可以做不同的事,但不能不做事;先做应该做的事,再做喜欢做的事,但绝不能不做事,不做事不可能生存,更不可能生长;做自己喜欢做的事是快乐的,做好自己的本职工作是应该的。在教的过程中要坚持有教无类、因材施教、寓教于乐等原则。教育学生做人做事也要求真、向善、爱美。要懂得学习的基本方法,循序渐进,学而时习之,持之以恒,学以致用。在常识提醒和教育中真正为每一位教师成长铺路,为每一名孩子的生命奠基。

第四章　学生发展与管理

九江三中学生发展的价值追求:让每一位学生遇见最好的自己

党的十八大报告指出:"教育是民族振兴和社会进步的基石。要坚持教育优先发展,全面贯彻党的教育方针,坚持教育为社会主义现代化建设服务、为人民服务,把立德树人作为教育的根本任务,培养德智体美全面发展的社会主义建设者和接班人。全面实施素质教育,深化教育领域综合改革,着力提高教育质量,培养学生社会责任感、创新精神、实践能力。"

56 年来,九江三中遵循教育的规律,以文化人,不断追求面向全体、全面发展、个性发展的教育本质,逐渐形成了"文理并重,体艺双馨"的办学特色,使得教育的科学发展在这片热土上变成了具体可感的现实。近年来,学校先后获得"中国教育管理改革三十年创新管理品牌学校""全国和谐校园""全国艺术教育工作先进单位""全国和谐德育实验学校""全国群众体育先进集体""江西省培养体育后备人才示范学校""江西省高水平运动学校"等荣誉称号。

九江三中结合自身特点,始终坚持"优质发展、均衡发展、全面发展"的办学理念,创造性地推动实施了一系列素质教育的好创意、好办法。

一、立足自身,推动素质教育目标落地

素质教育是指,依据人的发展和社会发展的实际需要,以全面提高全体学生的基本素质为根本目的,以尊重学生主体性和主动精神,注重开发人的智慧潜能,注重形成人的健全个性为根本特征的教育。实施素质教育是我国社会主义现代化建设事业的需要。然而在当前的高考制度下,如何打破

片面的应试教育,在基础教育中增加素质教育含量、提高素质教育质量成为学校教育模式探索的重点和难点。九江三中为扎实落实素质教育,立足自身特色,开创了"一个核心,两种观念,三种走势"的德育工作模式,在学生发展与管理的各个方面实践自己的办学思路。

(一)围绕一个核心

一个核心就是以人为本,以人的和谐发展为本。学生的个体成长过程无疑就是一个发展的过程。人的发展目标就是成为一个适应社会需要、掌握自身命运的、完善完美的人。而人的发展的根本动因就是自我发展和自我实现的需要,这是由人的本质决定的。教育面对的是一个个鲜活的人,办教育就要面向全体、面向全面、面向个性满足生命多样化的期望与需求,让每个生命找到适合自己成长的道路,获得最优的发展,绽放出自己的精彩,获得自己的幸福,遇见生命中最好的自己。笔者认为,务必"把学生真正当成人,当成正在学习走向社会的人,当成正在逐步走向成熟、走向自觉的学习主体",尊重学生的主体地位、主体精神、主体实践、主体创造,最大限度地满足学生各方面的需要。德育说到底是为了促进学生的发展,这是根本的宗旨,这是德育根本目的所在。德育的所有环节必须体现这个教育理念,并以此理念统帅自己的教育行为。居里夫人说:"我们必须从一种理想主义中去寻求精神的力量。"九江三中坚持以人为本、适合学生发展的教育的理想,共力共为,精心耕耘,为学生的成长提供道德的、情操的,创新的、实践的养料,学生得到蓬勃合理的发展,一个个梦想在这里成就。一位学生接受采访时说:"九江三中不是个死读书的地方,它能让我在快乐中得到最优发展,这是我钟情这所学校、选择这所学校就读的真正理由。"

(二)树立两种观念

两种观念即:一要树立双主体德育观。德育工作同样是教师和学生(教育者与受教育者)的双边活动过程。教师是教的主体,学生是学的主体,二者都是主体。只有充分认识到德育的双主体功能,使双方的主体作用配合协调,都得到充分发挥,德育才能收到最佳效果。我们要特别强调学生的主体性功能,充分尊重学生的主体意识,激发学生的主动性和创造性,促进学生自主地获得德育知识,并通过切身体验转化为内在的德育素质。

　　九江三中对于教师提出要求"立德树人,育人为先"的指导思想。教师不仅要注重教学能力的提高,更要注重师德的行为建设。关心学生、体贴学生并用自身的德行潜移默化地影响学生,要做好学生的引领和示范作用,一百次言传不如一次身教,个人身教与行为是最重要的。因此,九江三中从全校老师尤其是班主任,要实践做人做事两大主题,要求老师在教书育人过程中以言行来传递善良,关心爱护学生,做一个崇真,尚善,爱美的老师;同时九江三中特别强调学生的主体性功能,充分尊重学生的主体意识,激发学生的主动性和创造性,促进学生自主地获得德育知识,并通过切身体验转化为内在的德育素质。九江三中积极落实德育教育主体化。让学生唱主角,让学生自我教育,自主管理,自我发展,塑造人格。学校团委为校学生会、学生社团、学生宿舍自我管理委员会搭建平台,学生自发组织丰富多彩的校园文化活动,如学生跳蚤市场、美食街、"我给家长做顿饭"等活动。

九江三中 2014 年校园科技文化艺术节作品展❶

---

　　❶ 九江三中,http://www.jxjjsz.cn/Article/ShowArticle.asp? ArticleID=2090.

　　为迎九江三中一年一度的校园科技文化艺术节活动,艺术组老师举办学生作品展。通过征集作品、辅导学生创作、挑选作品入展及评奖等一系列工作,使得画展能够如期举办。这次活动不仅得到了校领导的重视和支持,而且得到了全校学生和老师的积极配合。收到作品内容丰富,包括书法、国画、素描、水粉及低年级学生的手工作品,共计 200 多幅,无不表现出学生的绘画才能及技巧。经过美术教师细致参评,选出特等奖作品 5 件,一、二、三等奖作品共 80 多件。画展展出后,美术组教师还继续完成了奖品的购置及发放等活动后续工作。这次活动不仅开拓了学生的思维,而且培养了学生的创新能力,更重要的是给予了学生一个施展自身才华的舞台。

　　二要树立整体德育观。道德教育在本质上是人格的、生命的、完整生活质量的教育,这种教育是不可能离开智育、美育等其他各育的。它必须依托其他各育而存在,以诸育为载体,而且诸育中也应该渗透道德教育。学校德育工作要与智育、体育、美育等相结合;要与家庭、社会教育相结合,寓德育于丰富多彩的大课堂之中;要把弘扬我国优良传统与批判吸收国际理论宝库中未来学思想的精华相结合,寓德育于国情教育之中。德育要注入时代特色,体现创新精神。

　　笔者结合学校办学理念和时代特色,向全校学生提出了践行社会主义核心价值观,做一个诚信友善的好学生的目标。学校以践行"富强、民主、文明、和谐、自由、平等、公正、法治、爱国、敬业、诚信、友善"的社会主义核心价值观为主旋律,以"启迪善良、传承高贵"为德育基本目标,通过主题班会、校园活动、社会实践、文化渲染、评优评先、宣传板报等多种德育载体,倡导学生追求"崇真、尚善、求美、博爱",努力做真的追寻者、善的传播者、美的创造者、爱的践行者,让学生在德育体验中不断健全自我、完善自我。在九江三中人的不断努力下,学校涌现出了一个又一个好人好事。比如"最美送书女孩"王心怡,以十元钱买下一本《三字经》送给84岁的老人不留名,在老人蹲守校门九天并在媒体和学校的帮助的情况下,才被找到,感动了浔城,也感动了赣鄱大地,先后获得九江市"十大道德模范"提名奖、赣鄱最美少年等荣誉;"乐于助人男孩"孙恺阳,冒雨下车关心因车祸而躺在地上的老人,感动了旁观者,也感动了媒体;敢于担当的"字条男孩"刘昊,骑车上学不小心剐了他人的小汽车,留下一张字条,留下电话号码,也留下了担当,感动了车主,并被车主告知了媒体。他们均以微小的举动传递了无穷的正能量,温暖了校园,更温暖了一座城,乃至赣鄱大地。

最美送书女孩出现❶

《浔阳晚报》洪永林

"送书女孩"名叫王心怡,是个清纯漂亮的小姑娘。老人买书时恋恋不舍的细节打动了她。班主任老师猜出可能就是她。

这两天,"送书女孩"的善举经本报连续报道后引发了大家的持续关注。网友和读者们最想知道的是:"送书女孩"叫什么名字?读初中还是高中?大家也好想认识一下她。2013年12月10日上午,经过全校师生仔细寻找,九江三中代林海副主任向记者反馈信息说:"总算是找到了,她是我们学校一名初三年级的女学生。

1."送书女孩"王心怡是个清纯漂亮的小姑娘

"喏,她就是王心怡,她还不好意思呢,同学们'护送'她下楼。"当日上午10时许,学校第二节课下课,该校初三(四)班班主任黄老师和记者一起刚走到教学楼一楼,王心怡就在同学们的簇拥下腼腆地来到了现场。今年15岁

---

❶ 九江三中,http://www.jxjjsz.cn/Article/ShowArticle.asp?ArticleID=2060.

的她正值花季，是个清纯漂亮的小姑娘。当记者问她知不知道大家都在找她时，她摇摇头说："不知道，每天都是往返于学校和家里，没注意报纸及网上的消息。"班主任黄老师在一旁说："上午接到学校通知，叫老师在初三年级的班级里找'送书女孩'，我当时就想，如果这个女孩是我们班的，没有别人，肯定就是王心怡，结果一问，果然就是她！"在班主任及老师们的眼里，王心怡虽然学习成绩一般，但是心地善良，思想品德非常好，很单纯，读初一的时候就是班级的学雷锋标兵，平时总是乐于助人，还带动同学们一起做好事。黄老师最后说："这种好人好事发生在她的身上不是偶然的，而是必然的结果。"

2. 她说老人买书时对书恋恋不舍的细节打动了她

和记者交流起当时买书的经过时，王心怡说："当时，书店里只有我和那位老爷爷在看书，爷爷在书架上挑选了好长时间的书，当天妈妈给了我100元钱，让我到书店里买教辅书。收银时爷爷在我前面，当问到那本《三字经》书的价格时，我看到爷爷迟疑了一会儿，把书放下来又拿起来，流露出恋恋不舍的眼神，最后还是把书放下离开了。整个过程我都亲眼目睹了，我当时感觉到爷爷是个非常喜欢看书的人，想看的书却舍不得花钱买，非常可怜，而且他刚刚走出门，所以我赶紧拿出10元钱把书买了，追出门送给了爷爷。"

王心怡补充说，是那位老爷爷对书恋恋不舍的细节打动了她，当时也没多想，赶紧把那本《三字经》买下来。记者了解到，王心怡的爸爸在深圳打工，平时她和妈妈住在九江。她妈妈张女士告诉记者："这件事情孩子回家也没告诉我，如果不是你们打电话过来，我还不知道呢！"在妈妈眼里，女儿乖巧懂事，是个非常听话的好孩子。

3. 江大造老人来九江当面向王心怡道一声谢

当天上午，记者将这一消息反馈给了已经在都昌老家的江大造老人，84岁高龄的老人高兴不已，他说："如果不是《浔阳晚报》帮忙寻找，凭我自己的力量恐怕永远都找不到，我找这个孩子不为别的，也不能耽误孩子的学习时间，就是想再次当面说一声'谢谢'！如果有机会，还要感谢孩子的父母，感谢他们养育了这么一个懂事的好孩子。"2013年12月11日上午，江大造老人会再次返回九江，与"送书女孩"王心怡见面，了却他的心愿，本报记者将继续跟进，记录他们见面的场景。

向"最美送书女孩"王心怡同学学习的倡议书❶

全体师生：

　　大家知道，《浔阳晚报》连续一个星期发了寻找"最美送书女孩"的报道，最后终于找到了，她就是我们学校初三(4)班的王心怡同学。王心怡同学在书店发现江大造老人喜欢一本《三字经》却因为钱的缘故最终没买，恋恋不舍离开书店，她主动掏钱买下追上老人将书送给老人。无意中的送书善举，感动了84岁的江大造老人，老人在我们学校门口蹲守八九天，在大家的帮助下才找到了王心怡同学。她的善举感动了浔城，感动了赣鄱大地。江西电视台来了，市委宣传部获悉后，提名王心怡同学为九江市第三届"十大道德模范"人物。

　　王心怡同学的善举是我们学校"崇真、尚善、求美、博爱"校训的体现，是学校提倡做真的追寻者、善的传播者、美的创造者、爱的践行者的体现，是中华民族道德追求的体现。在此，特向全校师生发出倡议，向"最美送书女孩"王心怡同学学习，弘扬中华民族传统美德。

---

　　❶ 九江三中，http://www.jxjjsz.cn/Article/ShowArticle.asp? ArticleID=2067.

办特色学校　建幸福校园

（1）学习王心怡同学，做一个助人为乐的人。社会是一个大家庭，营造团结和谐的人际关系，需要每一个公民共同付出努力。让我们学习她与人为善、助人为乐的美德，真情实意地去尊重他人、关心他人，倾心倾力地去扶贫帮困、关注公益，积极热情地去参与各种志愿服务活动，共同建设我们温馨和谐的家园。

（2）学习王心怡同学，做一个孝老爱亲的人。"老吾老，以及人之老；幼吾幼，以及人之幼"，这是泱泱华夏的传统美德。让我们学习王心怡同学充满爱心、孝老爱亲的美德，做到孝敬父母，敬重长辈。

（3）学习王心怡同学，做一个热爱知识的人。拥有知识是学养丰厚的表现，是拥有美德的基础。知识是营养品，知识是进步的阶梯。

传承美德、争做好人是时代的呼唤，是社会文明进步的需求，更是每个人义不容辞的责任。让我们携起手来，与王心怡同行，与道德模范同行，与身边好人同行，牢记使命，履职尽责，认真践行社会公德、职业道德和个人品德，用道德实践的丰硕成果引领社会新风尚，以实际行动为建设文化三中、道德三中贡献力量！

九江市第三中学

2013 年 12 月 16 日

媒体采访我校敢于担当"字条男孩"刘昊❶

---

❶　九江三中，http://www.jxjjsz.cn/Article/ShowArticle.asp? ArticleID＝2187.

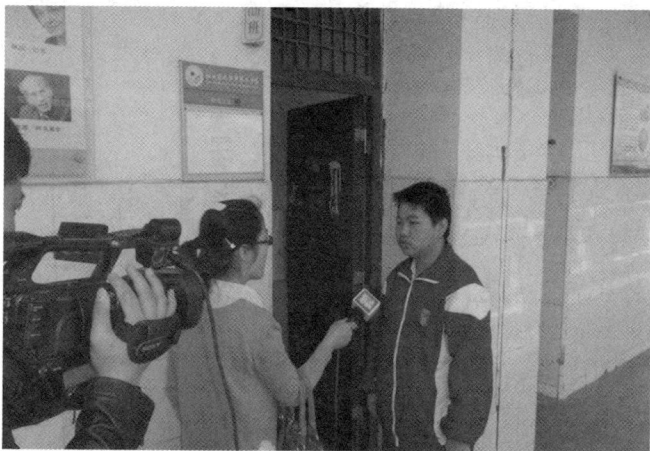

骑自行车不小心剐到了私家车,他留字条道歉并附上联系方式。

"字条男孩"敢担当让人感动

车主不仅没有索赔,还赞赏了他的行为;一市民也因此成了他的粉丝。

核心提示:

"这个学生很不错,比不少大人还有担当。"近日,市民刘先生向本报打来电话,表扬了一名叫作刘昊的三中学生。原来,上周六该名同学在一辆汽车上留下了一张道歉便笺,因为这个诚实与勇于担当的举动,他受到了大家的称赞。

"我还以为车上贴的是一张罚单呢"

"一开始,我还以为车上贴的是一张罚单呢!"昨日,市民刘先生向记者讲述了上周六在甘棠公园遭遇的这件令他感动的事。

2014年5月3日16时,刘先生带着几岁的小孩正从甘棠公园里散步出来。由于将车停在公园后门的缘故,当他正准备上车回家时,突然发现旁边一辆白色小车的前挡风玻璃上,贴了一张小字条。"难道这个地方不能停车,所以被交警贴单了?"刘先生表示,出于担心,于是他便上前将这张小字条取了下来,而里面的内容却让他有些意外。

"原来是一名中学生写的道歉字条。"刘先生告诉记者,字条上写着:"车主对不起,我是三中的学生,骑自行车不小心剐到你的车,我很抱歉,我的电话是……"

刘先生成了"字条男孩"的"粉丝"

这张态度诚恳的"道歉信",让刘先生不仅感到意外还很感动,同时也给他留下了深刻的印象。"这个孩子真不错,把别人的车给剐了,没有一走了之,这种有担当的举动,就连有些大人也做不到。"刘先生随即当着自己孩子的面,将这名大哥哥好好地夸奖了一番。"小孩还没上学,这种勇于担当的行为,对孩子是很好的学前教育。"刘先生对记者说道。

细心的刘先生将这张字条上的手机号码记了下来,并在回家后通过添加微信的方式,关注了这名中学生。"通过他的微信、QQ空间,我才知道这名学生叫刘昊。"刘先生说,虽然素不相识,但是因为这个难能可贵的行为,他愿意在今后的生活中继续关注这名同学,做他的"粉丝"。

政治课本上"字条男孩"成了他的学习榜样

根据刘先生提供的手机号码,昨日中午,记者联系上了刘昊。得知他是三中初三(12)班的学生。"当时,我和同学一起补完课,在经过后门时,将停在门外的一辆白色小车给剐了。"由于车速过快,他的自行车将这辆小车剐出了两条10多厘米长的划痕。

"我当时有些紧张。"刘昊告诉记者,尽管紧张但是因为政治课本里讲过一个中学生不小心剐了别人车子后留下字条的案例,于是他做出了同样的选择。"所以,我也写了张字条给留了下来。"刘昊表示,当天晚上,车主便打来了电话,但是最终他并没有要求索赔,而是赞赏了自己的行为,这让刘昊有些意外。

"你现在有粉丝了哦,有个叔叔还关注了你的微信。""不是吧,嘿嘿。"当听说有人关注自己后,刘昊显得十分意外。

（记者尹歆/文 谢文/摄）

（三）把握三种走势

首先，从政治化走向生活化。让学校德育从政治化、抽象化、空洞化的说教王国中走出来，回归生活，关注、指导和引导受教育者的现实生活，包括他们的学习、交往、日常生活方式和生活习惯等，用教育帮助受教育者通过自己的劳动创造新生活，以文明健康的方式享用新生活。

其次，从模式化走向个性化。这涉及普遍性和特殊性的转化问题。个性是指一个人的意识倾向性和稳定而独特的心理特征的总和。培养全面发展的个性的技巧和艺术在于，教师善于在每个学生面前，甚至在最平庸的、智力发展上最有困难的学生面前，为他打开精神发展的领域，使他能在这个领域达到顶点，显示自己，宣告大写的"我"的存在，从人的自尊感的源泉中吸引力量，感到自己并不低人一等，而是一个精神丰富的人。

再次，从认知型走向实践型。教育即生活。人生的经验和智慧，主要不是"学"来的，而是"体验"来的。让学生在体验中成长，是九江三中实施德育工作的一条重要准则。"体验是最好的德育"，笔者认为，学校不仅要传授知识，更要让学生在校园内处处发现美，体验善。让学生在实践中修身，学生品德形成规律告诉我们，学生品德是在活动和交往等实践中形成的，德育实践是学生品德形成的唯一基础；同时学生的品德素质又必须在实践中才能表现出来，实践是检验学生品德素质高低的唯一标准。学生如果不把学到的知识运用到实践中去，不仅自身品德素质难以提高，而且会出现"知行不一"的伪君子。一切德育都朝向学生实践，以实践而不是以认知作为学生品德形成的根本基础，以实践而不是以认知作为评价学生品德高低的标准。

九江三中在德育工作中非常注重学生的体验，为此，学校带领学生走进敬老院，帮助孤寡老人，助残日结对帮助孤残儿童等丰富多彩的社会实践活动，将枯燥无味的说教变成实际的行动，让学生在亲身经历这些活动后，深受教育，在实践与体验中提高认知，在潜移默化中受到熏陶。

浔阳区福利院赞:"三中学生,好样的!"❶

感 谢 信

九江市三中:

　　贵校高二(7)班熊茜茜、赵雅琪、侯颖捷、崔灿 4 名同学于 11 月 22 日上午来到福利院,看望这里的老人们。他们帮老人整理房间、打扫卫生、推老人到室外晒太阳、陪老人聊天、唱歌给老人听,忙了整整一上午。老人们非常高兴,不停地夸奖他们,特别是熊茜茜同学,近几年来,每到寒暑假就抽出几天时间为老人做志愿服务,还用压岁钱给老人买来吃的,她的爱心奉献精神给老人留下了深刻的印象,这份热心与坚持令人感动。这几位同学的出色表现为当代中学生树立了良好的形象,他们弘扬了中华民族尊老、敬老的传统美德,展现了新时期中学生的时代风貌,也给老人带来了冬日里的温暖。在这里我们对贵校高二(7)班的 4 名同学表示衷心的感谢! 最后祝福她们:学业有成,生活更加美好。

浔阳区社会福利院
二〇〇九年十一月二十三日

---

❶　九江三中,http://www.jxjjsz.cn/Article/ShowArticle.asp? ArticleID=704.

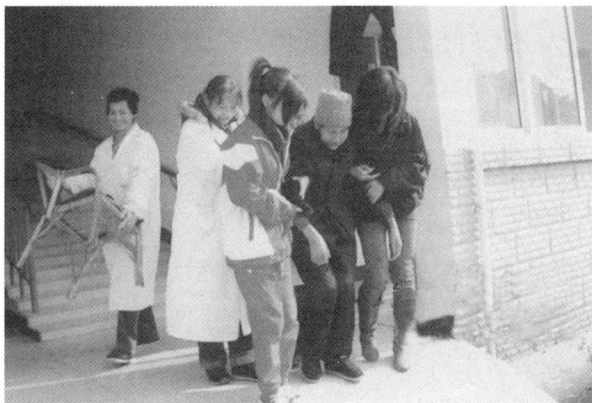

　　浔阳区社会福利院给九江三中送来一封感谢信,在九江三中政教处办公室,前来送感谢信的浔阳区社会福利院负责同志连声说:"三中学生,好样的!"

　　待坐下来交谈,九江三中政教处的老师才明白:原来是该校高二(7)班熊茜茜、赵雅琪、侯颖捷、崔灿4位同学于2009年11月22日上午前往福利院看望那里的老人,她们帮老人整理房间,打扫卫生,推老人到室外晒太阳,陪老人聊天,唱歌给老人听,忙了一上午,老人非常开心,不停地夸奖她们;尤其是熊茜茜同学,近几年,每到寒暑假就抽出几天时间为老人志愿服务,还用压岁钱给老人买来吃的,她的爱心奉献精神给老人留下了深刻印象,这份热心与坚持令人感动;他们认为,这几位同学的出色表现为当代中学生树立了良好形象,她们弘扬了中华民族尊老、敬老的传统美德,展现了新时期中学生风貌,在老人们的坚决要求下,送来了这一封感谢信,感谢九江三中,感谢4位同学给老人带来了温暖和快乐,也祝福4位同学学业有成,生活更加美好。

　　育人为本、德育为先。近年来,九江三中始终把德育工作摆在学校工作的首位,工作中注意突出主旋律、开拓新内涵、创造新特色。他们认为教育学生学会爱,从爱的过程中认识到人的生命的意义,使得人格更加完善,精神更为崇高,是学校德育工作的主旋律。工作中,他们将抽象的爱通过各种载体具体化,在学生头脑中深化爱的思想,培养学生的团体意识、协作意识和集体荣誉感,在活动中升华对自己、对父母、对老师、对同学、对班级、对祖国的热爱,在他们心中由浅入深地构建起以爱为核心的内在人格框架。

二、育人为本,打造学生"个性化"发展平台

习近平总书记在十二届人大一次会议闭幕会上讲话时指出:"生活在我们伟大祖国和伟大时代的中国人民,共同享有人生出彩的机会,共同享有梦想成真的机会,共同享有同祖国和时代一同成长进步的机会。"教育的最高境界正是满足每个人的个性需要和他们的期望,这样的教育为每个人实现自己的梦想提供了可能。在愈加开放的中国,教育恰恰应是为人们创造出彩机会的引擎;应是帮助青年实现个人梦想,进而实现中国梦的强大助力。九江三中秉承"育人为本"的办学理念,充分尊重学生的个性化和主体性,为学生们培育起一方升腾梦想的沃土。

(一)尊重个性、体艺双馨

《中庸》有言:"唯天下至诚,为能尽其性;能尽其性,则能尽人之性;能尽人之性,则能尽物之性;能尽物之性,则可以赞天地之化育;可以赞天地之化育,则可以与天地参矣。"由此可见,真正有益的教育应是尊重学生本性的教育,帮助学生挖掘自身个性潜能才是教育的根本之道。古如是,今亦如是,教化育人作为一个国家、一个民族恒久的发展命题在新的时代背景下,更加彰显出尊重个性的重要价值。人的自由而全面的发展是人类社会的最高价值追求,人的全面发展,首先是人的能力和才能的全面发展,其次是人的个性的全面发展,只有每个人的个性实现全面发展,才能显示社会成员的千差万别、丰富多彩,才能推动人的全面进步。

在九江三中人看来,每个学生都是鲜活而不可复制的生命个体,自由幸福地发展是他们的需要,创造一种让他们自由发展的教育是对生命的关爱和尊重。"办适合学生发展的教育",进一步凸显"人文见长,德才至善;文理并进,体艺双馨"的办学特色,让每位学生都能在九江三中得到个性发展的最大化。九江三中正是发扬学生个性,升腾学生梦想的试验田。张成卓校长曾提出:"生命是如此巨大的一条河流,我们要做的,是在生命之河中愉快徜徉,顺流而行,而不是辛苦地用各种手段要求河流以我们想要的方式流动。教育面对的是一个个鲜活的生命,办教育就要面向全体、面向全面、面向个性满足生命多样化的期望与需求,让每个生命找到适合自己成长的道

路,获得最优的发展,绽放出自己的精彩,获得自己的幸福。"

在"尊重个性"的指导和践行下,九江三中的优质生源得到了优质发展,重点生源(定向生、均衡生)、普通生源(择校生)有了充分的发展。九江三中交上的高考答卷,以漂亮的成绩兑现了"高分进高分出,低分进高兴出"的承诺。

九江三中打造的体艺特色课程,给学生提供了施展才能的平台。九江三中不断拓宽体艺特色教育思路,倾力打造体艺品牌。学校为了充分发挥学生特长,根据不同学生的特点,设有艺术特长班还有体育培训、合唱班等多种培训课程,使学生能够做到"两条腿"走路,每年九江三中体艺生有150多人被二本以上院校录取。九江三中全面注重学生有什么专长,学校必培养什么专长,一切为了学生的发展而努力。除了对学生专长的培养,九江三中还成立体艺中心,特别重视体艺队伍的建设和其对学校发展的带动。在保证学生每天有一个小时的体育锻炼时间的同时,坚持抓好足球、田径、羽毛球、篮球、乒乓球、排球等运动队。足球、排球等项目全省乃至全国有影响,足球队多次荣获全省冠军,并代表江西省参加全国中学生联赛,原国家足球队主教练朱广沪莅校考察九江三中校园足球运动的开展情况;排球队曾应邀赴波兰访问;2008年,新华社《奥运特刊》将九江三中作为体育特色校进行了介绍。艺术重点管理好小天鹅艺术团,正筹划成立管弦乐队。学校小天鹅艺术团获得江西省首届中小学合唱节比赛中学组一等奖,并被评为"江西省十佳合唱团"。艺术教育工作获"全国艺术教育工作先进单位"称号。学校文艺节目参加九江城区六一文艺汇演,连续十年获得一等奖。原创舞蹈"离开雷锋的日子"2013年代表江西省参加了全国第四届中学生艺术展演,并荣获全国一等奖。多年以来九江三中在坚持充分尊重学生个性发展的实践中,获得了丰富的成果,一方面丰富了校园德育工作的内容,另一方面将学生的特长优势最大化的发挥,为特长学生们量身定做了另一条通往大学校园的路径。九江三中为北京体育大学、上海体育学院、武汉体育学院、中国音乐学院、中国传媒大学等体育、艺术、传媒类高等院校输送了许多优秀的人才。

九江三中体艺活动[1]

　　2009年12月31日至2010年1月4日,由江西省体育局组织的,旨在贯彻落实全民健身日活动,展现全国人民迎建国60周年的喜悦心情,弘扬民族精神,推动青少年足球运动的开展,促进体育传统项目学校足球竞技水平的提高的2009年江西省体育传统项目学校足球比赛在南昌县体育场举行。九江三中学生足球队在党总支书记刘国胜的带领下,前往参赛。九江三中学生足球队表现优异,以7战全胜,进18球失1球的骄人成绩蝉联冠军,同时荣获"优秀组织奖"。

　　2008年12月31日至2009年1月4日,由刘国胜书记亲任领队,张智、程华两位老师任教练的九江三中学生足球队参加了在南昌举行的"2008年

---

　　[1]　九江三中,http://www.jxjjsz.cn/Article/ShowArticle.asp? ArticleID=728,http://www.jxjjsz.cn/Article/ShowArticle.asp? ArticleID=423,http://www.jxjjsz.cn/Article/ShowArticle.asp? ArticleID=1230.

江西省体育传统学校足球赛暨江西省青少年足球锦标赛"。比赛中,九江三中足球队讲究战术,强调配合,足球队员表现出了良好的精神状态,奋力拼搏,以精彩的技艺征服了其他足球队,五场比赛全胜,进14球,仅失1球,勇夺冠军。1月1-2日的市三中初中羽毛球队,由胡军校长助理任领队、张国兴任教练,参加了2008年九江市"江华杯"中小学羽毛球比赛,也取得佳绩。团体,获第一名;男子单打,胡宗博夺得第一名。一直以来,九江三中坚持走特色兴校之路,逐渐形成了校风纯朴、文理并进、体艺双馨三大特色。尤其是近年来,九江三中在继承传统的基础上不断开拓创新,确立了"人文见长,德才至善;全面发展,体艺双馨"的办学理念,营造了民主开放的办学氛围,全体九江三中人共识共为,学校逐渐走上科学发展道路,办学质量更优,办学特色更显,社会赞誉更高。

　　近年来,九江三中连续多年排练了形式、风格、主题不相同的大型团体操并多次在市大型活动及市运动上表演,得到了领导的充分认可。2011年

的大型团体操,学校在充分总结的基础上,又形成了以张成卓校长为总指导的设计、策划领导小组,11月4日九江三中在九江市田径运动会上作为全市唯一的一所中学在开幕式上以整齐规范的动作,变化多端的队形,独具匠心的设计受到全场观众的热烈欢迎,掌声多达20多次。团体操表演结束后,与会领导们对九江三中的团体操给予了高度评价。

团委、体艺中心举办第六届"精益杯"篮球、足球赛❶

❶　九江三中,http://www.jxjjsz.cn/Article/ShowArticle.asp? ArticleID=1302.

为了全面实施素质教育，贯彻健康第一的思想，丰富学生校园文化生活，打造学校体育文化特色，形成学校体育品牌。2014 年 12 月 11 日，九江三中在学校体育馆举行"精益杯"三人制篮球赛。本次篮球赛由学校团委、体艺中心联合举办。

早上 8 点，篮球赛正式开始，体育馆内篮球场人声鼎沸，呐喊声、加油助威声此起彼伏。参赛各班级球员，准时参战，操场四周围满拉拉队队员，班主任老师也积极为班级队员指点战术，打气鼓励。失败了，队友痛心疾首，同学暗自落泪，老师们温情抚慰；胜利了，不分彼此，所有师生送上自己热情的掌声和真诚的赞叹声，九江三中良好的校风校貌在"三人制"篮球赛场中展现。同时也促进了学校体育工作的开展，推动了学校体育特色教学的发展。

此次篮球赛主题是"拼搏、进取、永不言弃"，赛场上同学们团结一致，奋力拼搏，体现了奋发向上的体育精神和崇高的集体荣誉感。球赛的举办不仅为同学们提供了一个体育交流的平台，更丰富了校园文化生活。九江三中团委拟开展丰富多彩的体艺活动，使同学们在运动中获到快乐，把快乐带到学习中，不断享受学习的快乐。

(二) 为学生量身定制多彩选修课程，营造良好文化氛围

课程是学校教育的主要载体。九江三中不仅扎实落实国家开课标准，还特别注重大力开发选修课程，为学生的个性发展开辟沃土。引导学生在自我设计、自我认同、自我管理的过程中寻找适合自己发展的道路，实现主动成长，呈现精彩，成为最好的自己。

在课程设置方面，所有年级开齐所有课程，如体育、音乐、美术课程，即使是毕业班也不会取消相应课程。在完成教学任务同时，九江三中组织初中、高中分年级编撰古典诗词书籍，定期进行读背检验，鼓励学生探求古典文化，弘扬民族精神。

校园文化活动具有丰富的文化内涵和隐性的教育价值。丰富的校园文化活动是彰显人文关怀、落实素质教育的重要渠道，他为学生提供了张扬个性的平台，为学生营造了在学中做、做中学的良好文化氛围。九江三中准确

把握教育发展命脉,立足学校特色和学生发展,打造了一档又一档颇具影响,又卓有成效的校园文化活动。

谷雨诗会给爱好文学的学生提供了展示的平台。九江三中的"谷雨诗会"自1999年开始实施,至今已举办14届。学校始终坚持教师指导、学生创作、学生组织的原则举办诗会。诗会由校团委和白鹿文学社、学生会、现代教育技术中心共同承担。第十三届谷雨诗会,九江市作协秘书长蔡勋点评指出,九江三中谷雨诗会办出了气势,办出了特色,办出了成果,它已成为九江三中的一张文化名片,在全市乃至全省都形成了一定的影响,相信在不远的将来,三中将走出李清照、徐志摩这样的文化名人。第十四届谷雨诗会由九江三中和九江作协共同主办,近千人参加,九江三中学生和九江知名诗人共同吟诵"青春·中国梦"。

琥珀讲坛为学生打开了一扇开阔视野的窗口。继余秋雨、易中天、纪连海等著名学者莅临九江三中讲学之后,九江三中还先后邀请到北京大学地球空间学院张飞舟教授、著名航天科学家张厚英教授、著名教育专家卢勤、著名军事专家尹卓、全国知名德育专家华林飞莅临琥珀讲坛讲学。

谷雨诗会❶

---

❶ 九江三中,http://www.jxjjsz.cn/Article/ShowArticle.asp? ArticleID=190.

　　草长莺飞,杨絮飘零,杜鹃吐蕊,又是谷雨时。由九江市文联主办,九江三中、九江市作家协会承办的"九江市纪念改革开放三十周年诗歌朗诵会暨九江三中第九届谷雨诗会"在九江市三中体育馆隆重举行。九江三中嘉宾云集,高朋满座。市委常委、宣传部长冯静,市人大副主任谭毓清,市政府副市长吴锦萍,市政协副主席徐少伟,市政府副秘书长、教育局党委书记张绪佑,市教育局局长欧阳礼彬,市文联党组书记、主席张金元,市作家协会主席吴清汀,以及有关部门领导出席了这次盛会。

　　盛世诵华章,谷雨抒豪情。作家代表、九江三中师生代表激情朗诵了在纪念改革开放三十周年征文获奖的部分诗篇。他们用胜利的欢歌、激越的音符,讴歌改革开放,赞美青春理想,歌颂正义英雄,表达挚爱九江三中之情,倾诉内心希望。"让我们用青春、汗水和生命,共同叙写永恒的辉煌,共同谱写实现中华民族伟大复兴的乐章!"诗会上还为获奖诗篇作者颁了奖。

办特色学校　建幸福校园

　　九江三中原校长万金陵致欢迎词。他说,30年的改革开放,30年的经济腾飞,30年的观念更新,30年的物质文明和精神文明日新月异。让我们每天都充满着感动和自豪。今天,让我们诗意地翻开三十年的历史画卷,重温永恒的记忆,感受祖国发展的历程。30年的改革开放书写了中国灿烂的新篇章。人民驾驭改革的春风,实现中华民族伟大的复兴,在这片神圣的土地上,勃发出震惊世界的力量,光荣和自豪焕发出辉煌的容光。30年的改革开放,九江科学发展、和谐创业,求科学发展之真,务项目建设之实,全力推进"一个定位""四个打造""五大战略",努力把九江建设成为长江沿岸和中部地区重要的经济中心城市,推进九江经济社会又好又快发展。经济总量迅速扩张,项目建设成效显著,发展质量明显提升,综合实力不断增强,民生福祉有效改善,社会事业全面进步,显现出科学发展的好势头、和谐稳定的好局面、干事创业的好氛围。30年的改革开放,九江三中也发生了翻天覆地的变化。环境幽雅,设备一流,理念坚定,"人文见长,全面发展;德才至善,体艺双馨",目标高远,"市内先发展,省里树品牌,国内有影响,国际能知名",特色凸显,"文理并进,体艺双馨",群星璀璨,事业辉煌,人民满意。

　　九江市文联党组书记、主席张金元热情洋溢地致辞:"在这春意盎然、百花争艳的美好时节,我们相聚在素有'诗歌文化'传统的美丽校园,以诗纪念改革开放三十周年。"他指出,九江是诗歌之乡,九江是诗的热土。长期以来,九江诗人以诗言志,以诗励志,积极为九江经济社会又好又快发展提供智力支持,为提升九江城市文化品质而孜孜努力。特别是在把九江市建设成为文化旅游胜地的文化活动热潮中,传承了九江深厚的历史人文,再现了九江丰富多彩的风情文化,为繁荣九江市文艺事业、活跃九江市群众文化生活作出了积极贡献。他还指出,这次盛会,必将对激发全市人民投身改革开放有所作为,投身"魅力九江,美丽家园"的建设起到良好的引导作用,也必将对进一步繁荣九江市文艺事业,提升诗歌创作和诗歌朗诵水平起到积极的推动作用。他还为诗歌真诚呼吁:"让我们用心倾听诗的真诚,让我们用心感受诗的美丽,让我们用心领悟诗的思想,让诗歌走进我们的生活,让诗歌走进我们的内心,让诗歌为我们的生活添彩!"

三、扎实创新,探索"三三"德育特色管理模式

马斯洛在《人性能达的境界》一书中指出,"教育的目的——人的目的,在根本上就是人的'自我实现',是丰满人性的形成,是人种能达到的或个人能达到的高度发展",教育的目标就是要培养"发展中的人"。首先,这里的人要具备整体性,即实现在身体、精神、理智、情感等方面的和谐发展。其次,这种人需要具有动态性,处于一个不断变化发展的状态。最后,这种人也需要具备对事物的洞察力和创造力。因此,教育的方向应该是基于对"人性"的价值解析。换言之,能否促进"人的整体发展"是衡量一个学校学生发展和德育工作是否完备有效的重要指标。

具体而言,这里学生发展指导可以理解为一种发展性、解放性的教育方式。随着社会的不断进步,人们的需求层次也随之提高。人的发展决定了人必须在教育中获得可持续发展的能力。发展性教育观便是建立在此基础上的一种教育理念。

九江三中积极探索形成"三三"德育管理模式。"三三"德育管理模式是素质教育的具体化、形态化。一方面,它在育人的目标和素质教育具有内在的一致性,而指导的内涵中所包括的自主性、合作性与开放性特点也与素质教育对人的要求十分契合。另一方面,以这种学生全面发展指导思想的、会促进学校建设与发展的方向从过去的"唯分数论"转向"学生本位",帮助学生以持续不断的能力获得可持续的发展。

近年来,九江三中以民族精神为灵魂,以理想信念为支柱,以道德情操为基础,以全面发展为目标,坚持"主力军(班主任)、主阵地(课堂教学)、主渠道(班会)相结合,学校、家庭、社会相结合,宏观(长远思考)、中观(文化建设)、微观(落实到位)相结合"的"三三"结合原则,在常规中抓落实,在特色上做文章,在创新上找动力,把德育融入学校教育教学的各个环节、学生学习生活的各个方面,给学生播种道德和幸福,逐渐形成"三三"德育管理模式,走出了一条特色德育之路。

九江三中人在德育工作中始终践行"崇真、尚善、求美、博爱"的校训,学校希望所有的同学在教师的引导下做真的追寻者、善的传播者、美的创造

者、爱的践行者,启迪善良,传承高贵,成就会做人能做事两大主题,实现人格健全、人性美好、人生幸福。

首先,九江三中积极引导学生做一个高尚的人。每月举行一次九江三中学生誓词宣誓活动。引导学生做一个有良知的人——忠于祖国,热爱学校,尊敬老师,孝敬父母;做一个有骨气的人——志存高远,励志图强,刻苦学习,追求卓越;做一个有教养的人——遵纪守法,坚守真诚,养育良德,完善人格;做一个有毅力的人——知难而进,坚韧执着,百折不挠,永不言弃……关爱每位学生,在不断肯定和赞扬中,让学生获得自信,获得教育和学习的幸福,从而主动去丰富自我、提升自我、完善自我。

1. 确定目标要实际有效

学校德育要遵循青年学生的心理特点及认知规律办事,要求他们从日常行为习惯入手开展近距离、小目标、经常化的德育教育,使社会要求、学校规范"内化"成他们自己的道德行为标准。比如:要爱护公物、尊重他人的劳动,上课要认真听讲、要刻苦学习,着装要大方朴素,在家分担家务劳动、孝敬父母等。从一点一滴的小处做起,低起点,严要求,天天检查,人人关心,久而久之就会"润物细无声",收到良好的德育实效。

2. 打"预防针"增加抗体

过去的学校德育进行的都是正面教育,讲的都是社会人间的真、善、美,总怕学生接触到反面的"假、恶、丑"现象。其实,社会是丰富多彩的,也是复杂纷繁的。总是香花与野草并生,真、善、美与假、恶、丑并存。因此,九江三中认为应当适当地对学生进行一些"假、恶、丑"现象的教育,当然,这种教育要在分析、批判的基础上进行。就像人们的肌体打"预防针"用的疫苗,可使健康的肌体增加抗病毒能力那样,使学生增强抗体,自觉抵御不良行为,达到预防为主,超前控制。教学生学会拒绝那些"假、丑、恶"现象,从而达到德育的目的。

3. 净化"真、善、美"环境

在学校德育工作中,我们仍然要始终如一地歌颂人间真、善、美,让学生学会热爱。从爱自己的父母开始,学会爱家庭、爱环境、爱劳动、爱学习、爱社会,最终达到爱祖国、爱人民的最高境界。要使德育内容分层合理,从小到大,便于内化。可考虑从以下几个方面入手。

一要抓好德育类课程的教学,树立良好的学风、班风、校风,使德育贴近生活,便于行动。

二要营造良好的学习氛围,开展"文明校园"活动。使校园文化建设健康向上,利于学生身心发展。

三要用各节假日和纪念日,开展丰富多彩的教育活动,利用每一升旗仪式及时总结反馈一周内的各类信息,弘扬正气,表扬好人好事,把不正之风消灭在萌芽状态之中。

四要制订一些阶段性的小目标。如第一周应做到什么,下周再要求什么,循序渐进,使德育步子小一些,实一些,突出德育的实效性和可操作性。树立德育层次观,根据学生不同的年龄,不同的社会角色,提出不同层次要求。

4. 树立大德育观

大德育观也即德育的社会观。即:要从我们所处的时代大背景上去观察探索各种德育现象,把学校的德育工作放在整个社会的大潮流中去;在学校树立"三全"德育思想,即:全员——所有教职工都是德育人员,全校师生要共同参与。全方位——学生所有教材都是德育教材,充分挖掘各科教材中的德育内容,对学生进行政治思想品质的教育。全过程将学校所有活动均视为德育活动,抓住一切时机,全面渗透思想道德教育。形成"人人都抓德育,事事与德育有关"的德育工作大环境。

5. 构建"三位一体"的德育网络

江泽民同志在《关于教育问题的谈话》中指出:"不仅要加强对学生文化知识教育,而且要切实加强学生的思想政治教育、品德教育、纪律教育、法制教育"。"加强和改进教育工作,不只是学校和教育部门的事,家庭、社会各个方面都要一起来关心和支持。"学校、家庭和社会在教育过程中的地位、作用均不相同,各有优势和不足,但总体目标是一致的。如何在这三种教育导向的前提下,全面实施德育大目标,相互结合,取长补短,形成三位一体的合力网络是提高德育整体实效性的基础,也是从全局上根本转变德育薄弱现状的重要环节。学校也可与社区联手充分发挥社区教育的德育优势,形成多层次多渠道合力网络的德育大格局,加强文化市场监管,坚决查处传播淫秽、色情、凶杀、暴力、封建迷信和伪科学的出版物。加强对互联网上网服务营业场所和电子游戏经营场所的管理,进一步优化校园周边环境,中小学校园周边 200 米内不得有互联网上网服务营业场所和电子游戏经营场所,不得在可能干扰学校教学秩序的地方设立经营性娱乐场所。使学生在校与在家的 5＋2 天时间内都能接受健康有益、积极向上的德育教育,收到事半功倍之效果。学校要通过家长委员会、家长学校、家长接待日、家访等形式与学生家长建立经常的联系,及时交流情况,认真听取家长对学校管理和教育教学的意见、建议,发挥家庭教育在学校德育工作中的重要作用。

6.抢占网络文化阵地

网络文化正影响着学生的思想、价值观、择友、学习和生活方式,学校应抢占网络德育阵地,建立"信息安全防火墙",并不断更新软件,尽可能阻断"危害数据"的进入,从源头上净化校园网络 。同时,学校应不断地引导学生运用辩证的观点,充分认识网络使用过程中的利和弊,帮助他们健康科学地使用网络,学校应充分利用网络这一平台,与学生进行沟通,缓解学生心理压力,疏导思想问题,调节学习紧张情绪,促进学生身心健康发展。

第五章　教师专业发展

学生、教师和学校,是一个互动的整体,他们相互制约又相互发展。教师是纽带,他们以自己的专业发展,带动了学生的自主发展,同时形成了学校的核心竞争力,学校因此而不断向前发展。中学教育对人一生的影响起着举足轻重的作用,在整个教育系统中,又是至为重要的一环,直接影响到学生未来的发展前途,所以中学教师的专业发展应当引起高度关注❶。

在当今大变革的时代,世界范围内教育改革浪潮此起彼伏,知识更新的速度与广度匪夷所思,教师的功能与作用更是无与伦比。一劳永逸的教师职前培养已备受诟病并在积极探索新的出路,坚持不懈的教师职后专业发展高举着教学专业化的大旗,引领教师正沿着职业—准专业—半专业—完全专业的路径全力以赴地向前迈进。在如火如荼的全球教育改革潮流中,世界各国都将教师的教育与发展视为本国提升教育质量和保持高水平竞争力的制高点。在我国,"人类灵魂的工程师""太阳底下最光辉的事业"赋予教师无比崇高的社会地位,故教师专业发展的理念一经引入便迅速成为我国教师教育改革中的焦点❷。

在教师专业发展过程中,政府、学校和教师都在不同方面发挥着不可替代的作用❸,但是,教师的专业能力主要是在教学实践岗位中逐步形成并发展的,教师任职的学校是其专业发展的主要环境❹。

---

❶ 王艳荣.中学教师专业发展的策略研究——以郑州市第四十七中学为例[D].西南大学,2010.

❷ 许楠.论教师专业发展的组织维度——基于中美两国的比较研究[D].西南大学,2012.

❸ 王艳荣.中学教师专业发展的策略研究——以郑州市第四十七中学为例[D].西南大学,2010.

❹ 陈新文.论教师专业化及其发展[D].华中师范大学硕士论文,2003(11).

— **107** —

教育的发展,学校的发展,需要一个优秀和谐的团队共同努力,只有少数人的优秀、少数人的全心努力是不够的。九江三中,有一支拼搏奋进、充满活力的教师队伍。在九江三中,目前共有教师 339 人,其中 35 岁以下教师有 154 名,占专职教师的 45.4%;研究生学历教师 65 人,占专职教师的 19%。教师为年轻队伍,富有活力,学历高,研究生比例超出规定的配置标准。

近年来,九江三中以培养身心健康、德艺双馨、追求幸福的教师队伍为目标,以幸福教师为着力点,特别对年轻教师提出"一三五七"目标,即一年掌握规范,三年胜任熟练,五年成为骨干,七年能挑重担,强力推进青年教师培养,做到心中有目标,脑里有想法,谋求服务学生水平的提升。更在《九江三中 2012—2017 年发展规划》中明确提出,要把"培养品德高尚、教艺精湛的教师队伍作为学校发展的重中之重"。

一、德才兼备,师德为先

2012 年 2 月 10 日,教育部下发"关于印发《幼儿园教师专业标准(试行)》《小学教师专业标准(试行)》和《中学教师专业标准(试行)》的通知"(教育部文件教师[2012]1 号)。为促进中学教师专业发展,建设高素质中学教师队伍,根据《中华人民共和国教师法》和《中华人民共和国义务教育法》,特制定《中学教师专业标准(试行)》(以下简称《中学教师专业标准》)。中学教师是履行中学教育工作职责的专业人员,需要经过严格的培养与培训,具有良好的职业道德,掌握系统的专业知识和专业技能。《中学教师专业标准》是国家对合格中学教师的基本专业要求,是中学教师实施教育教学行为的基本规范,是引领中学教师专业发展的基本准则,是中学教师培养、准入、培训、考核等工作的重要依据。

《中学教师专业标准》强调了教师的四大基本理念:学生为本、师德为先、能力为重和终身学习。首先要求教师要以"学生为本",转变传统的"课堂、书本和教师"的"教学三中心",将学生的发展提升到教学工作的重心,更加体现教学活动教书育人的本质任务,也适应了新课标所提出的教育理念。其次提出"师德为先",要求教师要热爱教育事业,要富有爱心、责任心、耐心和细心,为人师表,教书育人,充分尊重学生人格,在教给学生知识能力的同时更要注重学生身心的健康发展。将师德问题作为第二大基本理念,可见师德问题在现代教育中的重要地位,强调教师的示范作用,切实做到以身作则。"能力为重"则是对教师的基本专业要求,教师不能一种任务反复做,机械地备课,要根据已有教学资料进行创新,杜绝千篇一律的教学设计,教师要走"研究型"路线,不断挖掘知识以丰富自身的教学经验。"终身学习"则强调了教师对于学习应持有的态度,以及自身不断进行专业化发展的自觉性,适应了当下的热门话题,也为教师的专业发展提供了可靠的依据❶。

九江三中依托《中学教师专业标准》,秉承以人为本的思想,以全面提高师资队伍整体素质为目标,按照优化结构、充实数量、提高素质、造就名师的思路,倡导"健康第一、家庭第一、工作第一"三个第一的理念,努力打造一支"师德高尚、理念先进、业务精湛、关系和谐、结构合理、开拓创新、富有活力"的充分享受教育幸福的优质师资队伍。鼓励教师崇真,尚善,求美,有爱,努力做真的追寻者,善的传播者,美的创造者,爱的拥有者。

(一)师德为先——培育高尚师德

教育大计,师德为魂。高尚的师德是对学生最生动、最具体、最深远的教育❷。随着教育事业的发展,教师的责任更加重大了,师德要求更加规范了,教书能人的标准更高了。加强师德建设,是改进教风带动学风的迫切需要。教师的教风直接影响着学生的学风。

(1)教师道德比其他职业道德有更高、更全面的内涵要求。教师的工作是以心灵塑造心灵,用人格铸造人格。教师在塑造学生的劳动过程中,表现出的是教师的知识、才能,思想道德、个性,展示的是教师的灵魂和整个内心世界,以及教师敬业乐业、献身教育的情操和实际行为。教育的这种特殊性,决定了教师职业道德比其他行业的道德要求更高。

(2)教师道德实践活动方面,比其他职业道德更具有强烈的典范性。"师者,人之模范。"这不仅是人类几千年来对教师的要求,而且早已成为教师职业传统美德的重要特征。在不同的历史时代,尽管社会制度、教育内容

❶　武佳. 浅谈《中学教师专业标准》[J]. 北方文学(下半月),2012(8):197.
❷　高伟山. 教师大计 师德为魂[N]. 中国教育报,2009 - 09 - 09(001).

不同,但职业道德都要求教师严于律己、以身作则、为人师表。

(3)教师职业道德的社会影响比其他职业道德更广泛、更深远。学校是人类精神文明建设的重要基地,直接影响着全社会的文明程度。教师道德不仅直接影响在校学生的精神世界,而且在通过学生、学生家长和教师的家庭成员、亲朋好友,以及教师的各种社会关系、社会活动,广泛地影响到整个社会的精神文明建设的水平❶。

九江三中倡导以爱心和奉献为内涵的高尚师德,并用刚性标准和硬性规定制度来形成教师的高尚师德,形成教师的高尚职业品格和形象。对职业无限的热爱,使教师能够自觉地钻研,与时俱进地学习;对职业的无限热爱,教师体会到教学的快乐,能够安于清贫。对学生的热爱,教师能够设身处地了解孩子,蹲下身子做孩子们的真心朋友,关心爱护每一位学生,关注每位学生身心健康,把师爱的阳光洒到每一个学生身上,让每个孩子在张扬个性基础上得到充分发展,让每一位家长满意。

1.提高思想认识,加强师德修养

一所学校可以没有优越的办学条件,也可以没有良好的办学环境,甚至可以没有优秀的学苗。但是唯独不能没有一批德能双馨的教师。优秀的教师可以化腐朽为神奇,化被动为主动,化平凡为卓越。前清华大学校长梅贻琦曾经说过:"大学者,非有大楼之谓也,乃有大师之谓也"。基于这样的认识,九江三中一直把师德师风建设作为学校工作的重中之重来对待,建立健全师德建设领导组织和各项规章制度,明确职责分工,建立师德师风建设长效机制,做到常规教育活动与重点教育活动有机整合,全面教育活动与个别教育活动有机整合,典型教育活动与群体教育活动有机整合,从而把师德教育融入学校教育教学活动的各个层面,扎实有效地开展特色鲜明、层次清晰、环环相扣的师德教育活动,提高了全体教职员工的思想修养。

建校56年来,九江三中一直坚持"拼搏进取,不甘落后;团结奉献,争创一流;爱校敬业,追求卓越"的学校精神,这是建校来一代又一代九江三中人努力后积淀下来的,每一个九江三中教师都是"能吃苦,敢打拼,不服输,团结敬业"的。九江三中也因此建立了一支思想过硬、素质全面、技能超前的

---

❶ 杜敏林. 教育发展教师为本 教师素质师德为本[N]. 金昌日报,2007 – 10 – 25(002).

教师队伍,为学校的快速发展构建了一支生力军。

2. 创新工作机制,建立师德评价和制约机制

在市场经济和开放的环境下,学校教育和师德建设方面面临着许多新情况、新问题、新挑战,规范教师道德行为,对于提高教师的职业道德水平具有重要的约束和促进作用。九江三中积极建立师德评价体系,形成师德目标的导向机制。明确教师在政治思想、爱岗敬业、教书育人、为人师表等方面的师德建设目标,使师德建设内容具体化。并跟踪实施民主评价,形成师德建设的制约机制。民主评价是学校管理的基本原则,也是师德考核的重要形式。在教师根据师德要求自评的基础上,学生和教学科研组织要对教师的师德进行民主评价,完善教师师德考核档案,教育管理机构要综合各方面的评价结果实施奖惩。师德评价不达标的教师,在教师职务评聘、评奖、评优、任用等事项中实行"一票否决"。形成了评建结合、以评促建,形成师德建设的激励机制。

师德建设以外部驱动和强化约束为手段,把师德评价与师德教育和管理紧密结合起来,一方面要通过加快学科专业建设和学校事业发展为教师实现个人理想搭建平台,以多种形式肯定教师的劳动价值;另一方面要对受学生欢迎、具有良好职业道德的优秀教师在工资待遇、工作条件等方面给予关心和优先保障,让教师保持奋发有为、昂扬向上的精神状态。

3. 从干部队伍建设入手,坚持师德师风建设和坚守常识教育相结合

教师根本的良心是关怀之心,而非教学之心。教师真切的关爱让学生感受到阳光般的温暖。培育高尚师德,这是让学生充分享受温暖的阳光的关键所在。九江三中以"爱岗敬业、关爱学生,刻苦钻研、严谨笃学,勇于创新、奋发进取,淡泊名利、志存高远"32字为指针,努力打造一支德能正其身、才能励其志、行能成其业,让学生爱戴、家长放心、社会满意的教师队伍。

九江三中从建设学校班子开始,从建设干部队伍着眼培育高尚师德,学校班子应该是和谐、奋进的,干部应是"制度落实者、责任担当者、忠实服务者、成长激励者、和谐维护者、精神引领者"的六者型干部。校长要炼成五素养,达到三境界。五素养:一是无欲则刚,"有容乃大";二是要有人文情怀,重工作,也重感情,善解人意;三是处事公道正派;四是思想深邃,精神强大;五是温文儒雅,有学者气质。三境界:能静得下来的心理境界;能沉得下去的工作境界;能稳得住人的道德境界。

坚持师德师风建设和坚守常识教育相结合,引导师生为人做事要崇真、尚善、求美。培育高尚师德从建设教师队伍着力,教师应该是真的追寻者,善的传播者,美的创造者。在常识提醒和教育中真正为每一位教师成长铺路,为每一名孩子的生命奠基。九江三中要求教师在教育教学工作中,坚持面向全体学生,面向每位学生的充分发展;少一点苛责,多一分理解;少一点失望,多一份信心;少一点冷漠,多一份亲切。教师还应做好帮助学生做人生规划,进行心理抚慰等工作。特别加大学困生、后进生帮扶、转化工作。

(二)能力为重——打造品牌教师

教师的专业发展既指增进人的专业知识、技能和态度的过程或活动以及必要的条件支持❶,专业发展是非同凡响的努力,它的核心是教育作为一个专业、教师作为一个专业人员的有意识的、持续的、系统的发展。不管学校如何形成或改革,如何组织或结构重组,高质量的教师专业发展都处于每一次加强教育建设的中心,教师专业技能的更新被认为是发展的根本❷。迈克尔·富兰(Micheal Fullan)和安迪·哈格里夫斯(Andy Hargreaves)认为,教师专业发展既指教师通过在职教育或培训而获得的特定方面的提升,也指教师在目标意识、教学技能,以及与同事的合作能力等方面的全面进步❸。

1. 主张教师是具有无穷潜力、持续发展的个体

教师专业发展不是一朝一夕之功。这个概念的基本假设是"教师需要持续的发展","当我们要了解教师时,必须考虑的首要因素是,教师是一个'人'"。虽然教师身心发展已经比较成熟,但是并非就此原地踏步或停滞不前,他们还具有无限的发展空间和前景,处于持续的发展、变化、进步中。教师是发展中的人是教师专业发展所要传达的核心思想。

---

❶ Liberman, A. ,& Miller, L, 1992. Professionalization of Teachers. In M. C. Alkin (Ed.),Encyclopedia of Educational Research (ed.). New York; Macmillan. 1045.

❷ Guskey, T. R. ,& Huberman, M. 1995. Professional Development in Education; New Paradigms and Practices. New York; Teacher College Press. 5.

❸ Fullan, M. , &, Hargreaves, A. 1992. Teacher Development and Educational Change. In F. Micheal,& H. Andy(Eds.),Teacher Development and Educational Change. Washington, D. C. ; Falmer Press. 8 - 9.

2. 把教师视为"专业人员"

将教学视为专业、将教师视为专业人员,体现了对教师具有较高社会地位、职业声望、专业水准的一种期许和努力。教师专业发展意味着教师个人在专业生活中的进步,包括信心的增加、技能的提高、对所任教学科知识的不断拓宽,以及对自己在课堂上之所以这样做的原因意识的强化。就积极意义而言,教师专业发展还包含更多的内容:教师的教学不仅具有技术性,更体现了艺术化;教师要能把职业升华为专业、把专业知能转化为专业权威。由此,教师作为专业人员,其专业发展涉及教师专业知识、专业技能、专业情意、专业理想的全面发展与提升。

3. 要求教师成为学习者、研究者与合作者

教师的专业发展既是一种认识,更是一个奋斗过程;既是一种职业资格的认定,更是一个终身学习、不断更新的自觉追求。"不论时代如何演变,也不论是自发的还是外在刺激的,教师都是持续的学习者,这种学习就是'专业发展'。"[1]

比"教师是学习者"的解说更进一步的是"教师是研究者",是指教师不是"被发展"或"待补救"的尴尬个体,也不是别人研究成果的简单消费者,而是自己研究成果的能动创生者。"依据教师是研究者的概念,教师的成长历程主要涉及专业判断、批判性反思、系统的自我分析。"威廉·皮恩克和亚瑟·海德(William T. Pink & Arthur A. Hyde)也指出,教师专业发展的计划必须包括理论研究和实践反思,以便寻觅到特定背景和环境下的学校革新[2]。

教师不仅是学习者、研究者,还应该是一个合作者。丹·洛蒂(Dan C. Lortie)曾尖锐地批评"中小学建筑所呈现的'蜂巢式的结构'(cellularorganization),以及像'装鸡蛋的条板箱'(egg crate)"[3],产生并助长了学校中教师的孤立、隔绝状态。其实,"教师专业发展代表了一种更为宽广的思想,它不仅是教师与学生一起改进实践的途径,而且还意味着在学习中建立一种相

---

[1] Blackman, C. A. 1989. Issues in Professional Development; A Continuing Agenda. In M. I. Holly, & C. S. Mcloughlin (Eds.), Perspectives on the Teacher Professional Development. New York; The Falmer Press. 1.

[2] Pink, W. T., & Hyde, A. A. 1992. Effective Staff Development for School Change. Norwood, N. J.; Ablex Pub. Corp.

[3] Lortie, D. C. 1975. Schoolteacher. Chicago; The University of Chicago Press. 230.

互合作的文化,在这一文化中教师之间相互学习的行为受到鼓励和支持"❶。

　　教师承担着重要的、不可或缺的社会职能——人才培养。教师凭借自己掌握的复杂精深的知识和技能,表现高度的职业道德与人格素质,为公众提供高水平、高质量的服务,以此证明他们是担当这一社会职能的唯一人选。社会则根据教师职业所提供的被证明是充分有效的服务而授予这一职业"专业"的荣誉。但是,现有定义几乎都将教师视为孤立的个体,寄希望于教师个体在自我的实践、反思、研究中实现专业发展。即使有少数教师能脱颖而出,也不能保证广大教师群体的专业素养。"一花独放不是春,百花齐放春满园。"只有教师群体都得到专业发展,才能从整体上摆脱教师虚弱的职业状态,提高教师群体的专业声望和社会地位。

　　因此,我们认为教师专业发展是教师在成熟的专业组织中,以知识系统为前提,以教育教学实践和教育研究能力为基础,以积极情感和高尚人格为动力,以内在专业素养提升为核心,订立专业标准、更新专业知识、改进专业技能、塑造专业伦理、培养专业问责、建设专业共同体的精益求精、永无止境的过程。

　　九江三中积极引导教师学习,超前规划,打造一流品牌教师。利用明星工程、互助培训、榜样激励等大力培养教师的教育教学能力、教育科研能力、学习提升能力等。

　　教育教学能力上,善于从学生的实际情况出发,着眼于学生未来的发展,充分拓展学生的潜能,在学生掌握学习的主动权,充分享受学习的快乐的过程中,取得高效教学效果;重视对优秀学生的培养,更关注学困生,多给他们成功的体验,加强对学困生的个别辅导,努力做到不让一个学生掉队。课外活动中,能够让学生尽情享受成功的快乐,在鼓励声中健康成长。开展社会实践活动,开阔学生视野;"集中家访与平时家访相结合、全员家访与针对性家访相结合、赏识激励与问题探讨相结合、工作交流与爱心传递相结合"四个方面结合,扎实做好家访活动。

　　教育科研能力方面,九江三中大兴科研之风,引导教师积极开展教育教

　　❶ Lieberman,M. 1994. Teacher Development;Commitment and Challenge // P. G Peter,& N. Jonathan (Eds.),Teacher Development and the Struggle for Authenticity;Professional Growth and Restructuring in the Context of Change. New York;Teacher College Press. 16.

学科研,切实增强"质量兴校、科研强校"的意识。认真撰写教科研论文,用丰富的理论指导教学实践,不断提高课堂教学的有效性,切实提高服务学生的水平。积极为教师提供教育科研交流的平台,或办教研刊物,或开通校内"教研博客",引导教师利用网络交流,开展校本教研。

张成卓校长率教师到贵溪学习交流[1]

2014年9月19~20日,张成卓校长率学校其他领导及高三年级各科备课组长一行20人到贵溪一中学习取经。

贵溪一中是值得学习的学校,15年来每年都有清华北大的学子。座谈会上,贵溪一中翁校长从学校的历史,学校的规模和学校的发展三个方面详细地介绍了学校的情况,使九江三中人对贵溪一中有了深刻的认识。张成卓校长在座谈会上语重心长地对与会的九江三中老师说:"我们来贵溪学习交流,要带一颗真心,要用一腔真情,要取一本真经。"

座谈会后,各科教师听课学习相互交流,贵溪一中学校领导与九江三中老师一起就文理分科、自主招生、尖子生培养、高考的复习、竞赛的辅导各个方面进行了交流,双方真诚友好,气氛融洽。

---

[1] 九江三中,http://www.jxjjsz.cn/Article/ShowArticle.asp? ArticleID=2300.

　　大力实施明星工程,加强"启明星工程""一帮一结对子工程""首席教师工程"等名师工程建设。近三年来,有88位教师接受了启明星工程、结对子工程、首席教师的培养,有200多名教师获得国家、省、市级荣誉,竞赛辅导、优质课、论文、课题在国家、省、市级获奖600多人次。近三年还引进了毕业于武汉大学、南开大学、华东师范大学等名校的研究生达60余人。目前学校教职工339人,高级教师151人,其中全国优秀教师7人,国家骨干教师7人,省特级教师4人,省学科带头人6人,省优秀教师4人,省骨干教师29人,市教学明星6人,市学科带头人20人,市级拔尖技术人才1人。九江三中已拥有一支一流的名师队伍。年龄结构中,45岁以下的260人,正是精力充沛、经验丰富、建功立业的黄金时代。

　　树立典型,榜样激励。学校注意发现和培养典型,并通过各种途径宣传优秀教师爱生如子、无私奉献、敬业爱岗、敢于创新的崇高风范。近几年,学校以学年为单位,每年都要评选出十大师德标兵、十佳班主任、十佳教师、十佳党员,并将他们的照片和事迹介绍张贴在宣传橱窗内或在媒体上,大张旗鼓地进行宣传。

(三)学生为本——促进学生发展

　　教书育人的关键是什么,姜伯驹院士认为:"教育是服务的事业,教育和教师最终都是为学生服务的,学生的发展才是硬道理。从这个意义上说,学生是我们的衣食父母。"九江三中秉持着学生为本的理念,要求每位教师都践行促进学生发展的理念。理念先进与否关系教育成效的高低,学校应提倡并践行赏识教育,提出了"好习惯就是好学生,有进步就是好学生"的学生评价理念,面向一切学生,面向学生的一切,从学生的需要出发,以尊重学生价值为前提,唤醒学生的主体意识及自身发展潜能,让每个孩子真正成为学习的主人。九江三中着眼于学生的发展,实行全新的评价机制,努力把学生培养成身心健康,品行端正,习惯良好,追求进步的人。从而低要求、缓坡度、大面积,使学生在被赏识中不断进步、成长。

1.多一把尺子就会多一批好学生

　　任何学生都是一个鲜明的个体,九江三中要求教师为每一位学生量身定做一把"尺子",让每一位学生都能在教育中获得自己成才的道路。这条道路通向千万个方向,学生们这方面不行,有可能在那一方面会成为对社会有用的人,因而从学生个体发展的眼光来看待每一位学生,因为他们身上总有闪光点值得我们去欣赏。学校着力打造这样的学生观:没有所谓"差生"的存在,每个学生都是独特的,也是出色的,这种学生观一旦形成,就使得教师乐于对每一位学生报以积极、热切的期望,并乐于从多角度来评价、观察和接纳学生,重在寻找和发现学生身上的闪光点,并形成多元化评价机制。诸如学习标兵、进步标兵、行为习惯、文明礼貌、劳动纪律、仪容仪表等奖项,学校从校级、年级、班级三层次,橱窗、黑板报、晨会多形式月月进行评价表彰,让每一学生感到自己的重要,看到了进步,学习兴趣和追求进步的热情更高了。

2. 把学生当成自己的孩子看

教师对学生,只有像对待自己子女一样疼爱有加,爱生如子,才能担当起教育人、培养人的重任,才能称得上是个好教师。怎样爱生如子? 首先要热爱学生,这是师德的核心。作为教师,对学生爱得越深、越真切,学生的学习积极性才能越高。九江三中要求每一个老师走近学生的心灵,在这心灵世界中耕耘、播种、培育、采摘,流连忘返。教师能与学生以心换心,用朋友的道义去规劝学生,用亲人的情怀去关爱学生,用正确的人生观去要求学生,把学生当自己的孩子看,因而形成了教学的巨大推动力和感染力,创造了活泼、生动的学习氛围,使学生保持良好的学习状态,建立起和谐的师生关系,增强了教育的有效性。

3. 翘起你的大拇指

赏识从本质上讲是一种激励。"为了孩子,翘起你的大拇指;为了孩子,多说几句'你能行'",积极赏识学生的"闪光点",信任、尊重、理解、激励、宽容、提醒学生,只要有进步甚至是微不足道的成绩就不失时机地大力鼓励和表彰,引导学生扬长避短,张扬个性。也教会学生自我赏识、赏识他人,这样,使学生多了一份自信,少了自暴自弃,拓宽了教育的渠道。九江三中积极引导教师读书,积累正能量,对待学生要"少一点苛责,多一分理解;少一点失望,多一分信心;少一点冷漠,多一分亲切"。

4. 多准备几把钥匙

九江三中承认学生的个体差异,教育也是非常个体化的,没有一个人人可以套用的模式,找不到一把万能的金钥匙,只能一把钥匙开一把锁。因人而异、因材施教,多准备几把钥匙,去打开学生的心结,开启学生的智慧之门。正如北京十一学校的教师对话式沟通,北京十一学校从全校优秀教师中选聘若干名导师,为每名学生配备各学科学业导师及人生规划指导教师,负责对学生的全方位指导。每位学生定期与导师面谈,同一班级的导师建立导师组,由班主任任组长,让每一个学生得到足够关注,引导学生不断在认识自我中培养自主发展的能力❶。

5. 充分调动学生的学习兴趣

在新课程改革中,九江三中致力于将学生的被动学习转变为主动学习,消极学习转变为主动学习。发挥学习主体最大的效率,努力让整个教与学的过程充满生机与活力,而转变的关键是激趣,兴趣是最好的老师,有兴趣才有渴求,有渴求才会主动积极。

(四)终身学习——以学立德

九江三中在《2012—2017年发展规划》中要求全体教职工应树立三意识:追求至善,争先进位,敢为人先;慢进则退,不快则废,不进则亡;只为成功想办法,不为失败找理由。鼓励教师树立终身学习的理念,积极争先进步,通过教师的学习精神为学生树立良好的道德榜样。

九江三中积极引导教师加快知识更新、优化知识结构,提升服务水平。大兴学习之风,使得学校有书香气,教师有书卷气,学生有书生气。个人自主学习,自选学习内容,自主学习实践,自我评价改进。群体合作学习,每周教研组、备课组组织一次业务或理论学习,或解析实际教育教学中的典范案例,或研讨校本教研问题,或探索教学改革。成立读书小组,开展每月一次读书交流会,每学期一次教育教学经验交流会等活动。大力实施互助工程,加强对年轻教师、年轻班主任、年轻干部的业务培养。对外交流学习,学校在教师业务学习上舍得投入,邀请专家来校讲学、指导;鼓励教师走出去,参加比赛,外出参观、考察、交流,使教师意识到学习是最大的福利。

大兴科研之风,引导教师积极开展教育教学科研,切实增强"质量兴校、科研强校"的意识。认真撰写教科研论文,用丰富的理论指导教学实践,不

---

❶ 北京市教委. 聚焦国际前沿 肩负国家使命[N]. 中国教育报,2013 – 11 – 18(010).

断提高课堂教学的有效性,切实提高服务学生的水平。积极为教师提供教育科研交流的平台,或办教研刊物,或开通校内"教研博客",引导教师利用网络交流,开展校本教研。

九江三中还积极培育读书文化,通过树立教师的终身学习理念,以学立德,促进教师持续的、健康的专业发展。读书是教师职业生活的底色。九江三中积极引导教师尤其是青年教师读书。规范阅读内容,拓展阅读时空,关注阅读效果。每位教师每天读书 1 小时,每周撰写 1 篇读书心得,每周摘录1000 字的读书笔记,每学期研读 1 本教育教学书籍,每学年进行 1 次读书交流会。在九江三中第一届以"读好书,拓眼界,强素质,求发展"为主题的教师集中读书活动中,广大教师以满腔的热情投入读书活动中,他们品味精典,在书香中丰富涵养,在交流中和合共进,学校共收到教师读书笔记 106篇。通过读书活动教师提升了素养,校园里的书香氛围日渐浓厚。

二、幸福教师,生命教育的幸福使者

对于幸福的教师来说,教育不是牺牲,而是享受;教育不是重复,而是创造;教育不是谋生的手段,而是生活本身。九江三中"看见"了教师,用心营造宽厚、宽容、仁爱、人文的校园情境,让每一位教师感受到教育的快乐❶。

九江三中坚持以人为本的思想。在《坚持文化创新,构建人文殿堂——九江三中 2012—2017 年发展规划》的办学理念中,明确提出在教师中倡导"三个第一"的理念:健康第一、工作第一、家庭第一。关心教师的健康,关注教师的家庭,关切教师的工作,着力营造和谐阳光的人文环境,让教职工在民主宽松的氛围中愉快工作;认同并容忍教师的个性和缺点,尊重人、理解人、激励人、发展人、成就人,用心营造宽厚、宽容、仁爱、人文的校园情境,让每一位教师感受到教育的快乐。在五年规划中提出要落实"对教师关心备至,竭诚提升教师的幸福指数和专业素养,为学校持续发展提供资源支撑"。

(一)倾力打造健康文化

在打造优质师资队伍过程中,九江三中倡导"健康第一",这是基于九江

---

❶ 九江三中:众志成城托起美丽梦想——九江三中 2013 年高考又喜获特大丰收探秘。http://www.jxjjsz.cn/Article/ShowArticle.asp? ArticleID = 1960.

三中教师的现实状况而言的。因为随着教育对象的复杂化,社会对学校教育的关注度普遍提高,教师的压力逐渐增大,教师"亚健康"现象越来越突出。近七成教师受到了慢性咽喉炎、静脉曲张、颈椎、腰椎等职业病的困扰。除了身体方面的疾病,教师的心理健康问题也不容忽视。2008 年,上海市教科院作了一项城市中小学教师工作压力和对策的调研,涉及 60 所中小学的1304 名教师,其中 50.8% 和 26.7% 的人认为压力"比较大"和"很大"。有37.3% 的教师表示假如有二次择业机会,则不会再选择教师这个职业。

　　身心健康了,教师才会全身心地投入教育教学当中,才能够充分享受到教育的幸福。着力打造和谐校园,营建和谐的人际关系,是我们打造幸福教师队伍的措施之一。近年来,九江三中在建和谐班子、和谐教师队伍、和谐师生、和谐家校等方面下了工夫。领导班子勤于学习,心胸开阔、勤政廉政,以身作则,在办学思想的形成上下工夫,用自己的实力、活力、魅力去影响师生,上下形成共同的价值观、群体意识、行为规范。如制定《2012—2017 年五年发展规划》,绘制"坚持文化创新,构建人文殿堂"的蓝图。学校管理既注重有严格的刚性要求,更注重柔性管理,努力追求文化管理的最高境界。以公平的信念创造各尽所能、各得其所的激励和分配机制,全力营造融洽、和谐的人际关系和民主平等、团结尊重的校园环境。全校形成了一种宽松、和谐、奋进的氛围。在教师与学生之间建立起以民主、平等、和谐为基本特征的新型师生关系。教师乐教,学生乐学。在同学之间建立起相互尊重、相互激励、相互学习、平等互助的新型同学人际关系。还通过各种形式加强与家长的沟通,努力创设学校教育与家庭教育和谐发展的环境。

　　着力引导教师关注身心健康,成立了 7 个健身协会——瑜伽、羽毛球、乒乓球、篮球、足球、太极拳、登山协会,正在筹划成立车友协会。各个协会都会定期组织活动,教师们可以根据自己的兴趣和需要,选择不同的协会,在锻炼身体的同时,加强同事间的沟通,和谐了校园的工作氛围。不仅可以强身健体,还愉悦身心。为保证教师的心理健康,学校设立了阳光工作室,即教师心理健康咨询室,并聘请了经验丰富的心理咨询师定期为教师宣讲身心健康知识,进行心理疏导,并将教师身心健康教育以制度的形式固定下来,促使教师学习心理卫生和心理健康的知识,学会自我调适,从而减少教师身心健康受损情况的发生,提高教师身心健康水平。建立了教师健康年检制度。保障全校教师的身心健康。为了老师能有个轻松的休闲环境,学校加大投入,修建了教师休闲广场和健身房,改进了体育器材,收回体育馆的经营权,教师锻炼有了更开阔的空间。教师参加市教育系统篮球比赛、市直羽毛球比赛均获得冠军。21人的教师舞蹈队参加省教育厅主办的全省中小学教师"园丁之光"大赛喜获一等奖。

九江市三中召开教职工全民健身协会成立大会❶

---

❶　九江三中,http://www.jxjjsz.cn/Article/ShowArticle.asp? ArticleID=678.

10月20日,九江三中在办公楼五楼大会议室召开了职工全民健身协会成立大会。8个健身小组近百位成员参加了大会。

为促进教职工的身心健康,丰富教职工业余生活,提升教职工的幸福指数,九江三中大力营造全民健身的气氛,引导教职工积极参加体育锻炼。在学校党总支、校长室及体育卫生领导小组的领导和指导下,在学校工会直接操作下,九江三中成立教职工全民健身协会,协会下设足球、篮球、乒羽、登山、瑜伽、太极拳、健身,以及读书8个小组。

九江三中主管副校长在会上发言,他认为健康来源于运动,"我运动,我健康,我快乐",不仅要健身,还要健脑;健康取决于认识,"聪明人,投资健康;明白人,爱护健康;普通人,忽视健康,糊涂人,透支健康"。最后他祝愿全体教职工积极投身运动,永远健康、快乐、美丽。

会上校领导给各健身小组组长颁发了聘书。

(二)认真打造论坛文化

琥珀论坛是九江三中教师谈剑论道的平台。首届琥珀论坛90位教师在论坛上就"三三课堂教学模式"发言,老师们交流经验,沟通心得,探讨理念;展示理论水平,讲述教改实践。各具特色的教学思想在碰撞中放射出智慧的火花,独具个性的教学管理理念在交流中获得升华。在2014年4月结束的第三届"琥珀论坛——中高考复习策略·高效课堂"中,针对即将进行的中高考冲刺复习提高课堂质量,九江三中按学科分类共设置了13个分会场,进行了热烈活泼的论坛活动,共有66位教师竞相发言,奖项设置特等奖16个,一等奖25个,二等奖26个,并最终将66位教师的发言论文结集出版。

"琥珀杯"教师基本功大赛是三中教师才艺展示的平台。第三届琥珀基本功大赛,105位教师参加了教学设计、粉笔字、钢笔字、说课、课件制作5个方面的比赛,有力地推动了教师业务能力的提高,大大提升了服务学生的水平。

琥珀论坛之常青树讲座❶

讲座三：春晖和桃李

2014 年 11 月 4 日下午,九江三中科研处在办公楼五楼会议室主办了第三期琥珀论坛之常青树讲座——"春晖与桃李"。参加讲坛的有王荣莉副校长、柳冰校助及全体青年教师,此次讲座由科研处曹荣星主任主持。主讲嘉宾是九江三中退休教师刘源玢老先生,现已 72 岁高龄的他,曾教授数学与物理学科,可谓老当益壮,学识渊博。刘老师深感做教师的幸福,于是,借助琥珀讲坛这个平台把做教师的辛苦与快乐分享给在座的每一位同仁。最后,柳冰校助作了总结发言,对刘老师回顾九江三中艰难创业史,自己做班主任的成长历程及与校友们的互动为主要内容的精彩讲座做了点评;号召青年教师学习九江三中精神,从平凡工作中体现幸福,学习如何做人、做事、做学问;并对青年教师提出了希望,希望青年教师孜孜以求,不懈努力,实现自己的完美教育人生!

九江三中参加此次讲坛的全体青年教师在认真聆听讲座

---

❶ 九江三中,http://www.jxjjsz.cn/Article/ShowArticle.asp? ArticleID=2327.

（三）强力建设教研文化

大兴教研之风,引导教师积极开展教育教学科研,切实增强"质量兴校、科研强校"的意识。在《坚持文化创新,构建人文殿堂——九江三中2012—2017年发展规划》的办学思想中,明确提出要走"科研兴教、科研强师、内涵发展"之路,提升教职工的幸福指数,把"强化教育科研,落实并优化教研组,备课组活动"作为提升课堂效率的长效机制。

九江三中鼓励教师认真撰写教科研论文,用丰富的理论指导教学实践,不断提高课堂教学的有效性,切实提高服务学生的水平。积极为教师提供教育科研交流的平台,或办教研刊物,或开通校内"教研博客",引导教师利用网络交流,开展校本教研。

九江三中科研文化[❶]

九江三中强力建设科研文化,以优化课堂教学为对象,以国家级课题"利用信息技术实现学校数字化管理的研究""各科教学法有效性研究""少教多学在中小学语文教学中的策略与方法研究"为依托,引导教师强力推进教育四大元素(学生、教材、教法、大纲)的研究,深入实施课堂教学"三三"模式:课堂教学目标要有三个面向——面向全体学生,面向学生的自主学习,面向教学目标的有效达成;课堂教学时间要做到三控制——新课时间不超过20分钟,学生自主探究不少于10分钟,教学反馈时间不少于15分钟;亲近学生要坚持三原则——必须课前2分钟到教室候课,必须课中参与学生自主学习,必须做到下课不拖堂。

通过科研,九江三中教师意识到,知识能够灌输,而能力不能灌输;学习能够包办,而生活不能替代。能力与生活感受获取的唯一途径是实践与检验。高考考的不仅仅是知识,更是学生发展与成长的阶段缩影,包括他们的意志力、信心、思维方式等非智力因素,这些因素主要来自平时课堂中的训练。他们还课堂以学生,让学生成为学习的主人。学生找到了放飞思想的

---

❶ 九江三中:众志成城托起美丽梦想——九江三中2013年高考又喜获特大丰收探秘,http://www.jxjjsz.cn/Article/ShowArticle.asp? ArticleID=1960.

天空,主动学习,多维互动,自主高效成为课堂教学的主旋律。学生享受着思维的乐趣,体验着成功的喜悦。

在2013年中国教师发展基金会"十二五"教师科研成果优质课评比中,九江三中提交了11节优质课教学实录,经中国教师发展基金会专家委员会评审,8节荣获全国科研优质课一等奖,2节课荣获全国科研优质课二等奖,1节课荣获全国科研优质课优秀奖。并被中国教师发展基金会、教师科研专项基金管理办公室评为"全国科研优质课实验基地"。

(四)积极培育和谐人文环境

1. 以人为本,让每一位教师感受到职业的幸福

让教师充分享受当教师的光荣、尊严与幸福。没有事业就没有成就感,工作是财富创造力的表现,是自我价值的实现,有成就的工作能使身体充满活力和激情,能使家庭充满阳光和快乐。九江三中着力唤醒教师的愿望,提升教师的追求,引导教师的成长,搭建教师展示平台,尊重教师应有权利,充分肯定教师创造成果,切实提升教师幸福指数,尽情挥洒教师才情。九江三中着力营造和谐阳光的人文环境,让教职工在民主宽松的氛围中愉快工作;认同并容忍教师的个性和缺点,尊重人、理解人、激励人、发展人、成就人,用心营造宽厚、宽容、仁爱、人文的校园情境,让每一位教师都能切身感受到职业的幸福。九江三中通过一系列创造性的举措来不断提升教职工的幸福指数。

2. 走访谈话,关爱每一位教师

九江三中非常重视"走进教师心灵"的走访谈话活动。每位学校领导每学期至少家访(或谈心)10位教师。坚持做到"五必访",即教师生病住院时必访,教师婚嫁必访,教师家庭遇到意外不幸事故时必访,教师家庭有较大纠纷时必访,教师家庭成员作出重大贡献时必访。通过家访谈心,充分掌握了教师的思想动态,融洽了干群关系,增强队伍凝聚力。对谈话中教师反映的意见,学校给予了高度关注,认真对待,分析改进,对教师反映的困难尽可能帮助解决。要求工会做好"温馨工程"和"幸福早餐工程"。

3. 搭建各类舞台,激发全体教师工作热情

九江三中教师有老中青三代教师,怎样才能激发全体教师的工作热情

呢？诸葛亮在《诸葛武侯文集》中指出："赏以兴功，罚以禁奸。赏不可不平，罚不可不均。"可见激励是调动人工作积极性的主要动力。校长应采用科学的举措来合理地满足教师各种未满足的需要(自尊荣誉、创造成就、进修提高等精神需要和工资待遇等物质需要)，并激发他们产生更高层次的精神需要，从而激发全体教师的工作热情，并保证他们积极性的正确方向和持久性。

(1)九江三中用三大工程提升教师育人水平。用首席教师工程，促中老年教师不断提升自己；用三年一轮的启明星工程和结对子工程助青年教师快速成长。

2014 年度启明星工程、结对子工程拜师仪式暨表彰大会❶

2014 年 9 月 16 日下午，九江三中在科技楼六楼多功能厅召开了 2014 年度启明星工程、结对子工程拜师仪式暨表彰大会，此次大会是在各部门的周密配合下顺利进行的。九江三中通过拜师活动，培养了一批批优秀青年教师，为九江三中的蓬勃发展注入了新鲜血液，也为青年教师指明了奋斗的方向。

大会在科研处曹荣星主任的主持下顺利拉开了帷幕，本次会议共有三大主题，一是对第十届启明星工程顺利结业进行总结表彰，二是第十二届启明星工程进行拜师仪式，三是第六届班主任结对子工程进行拜师仪式。大会表彰了刘玉凤等 8 位"优秀学员"、邹平力等 8 位"优秀导师"，优秀学员代表刘美香老师，优秀导师代表胡芬老师，新学员代表郭慧慧老师、丁玉凤老师，新导师代表黄丽杰老师、崔晋主任都做了质朴而真诚的发言。青年教师纷纷向导师献花表达自己内心的感激与由衷的祝福。

张成卓校长发表讲话，他要求导师要做到"四要"，一要做高尚师德的引领者，二要做业务精湛的示范者，三要做敬业精神的传递者，四是要做关爱徒弟的好长者；勉励青年教师要做到"三要"，一要虚心学习积极进取；二要确定目标，奋发有为；三要加强反思，坚定执着。

---

❶　九江三中，http://www.jxjjsz.cn/Article/ShowArticle.asp? ArticleID=2291.

张成卓校长在 2014 年度启明星工程、结对子工程拜师仪式暨表彰大会上讲话

第十届启明星优秀导师合影留念

第十届启明星优秀学员合影留念

第十二届启明星工程师徒合影

第六届结对子工程师徒合影

第六届结对子工程导师代表发言

（2）用三大活动展示教师风采。琥珀论坛、琥珀杯基本功大赛、德育经验交流会给教师搭建了展示的平台、交流的平台和提高的平台。

（3）成立研究生教师工作协会，为50余名毕业于武汉大学、南开大学、华中师范大学、华东师范大学等名校的研究生教师提供交流、研究的平台❶。

（4）多为教师提供培训学习机会。九江三中领导多为教师们争取国培等培训机会的指标，鼓励教师多去培训，鼓励教师参加国家或省市举办的各类比赛，拓宽自己的视野。

（5）树立典型，榜样激励。学校注意发现和培养典型，并通过各种途径宣传优秀教师爱生如子、无私奉献、敬业爱岗、敢于创新的崇高风范。近几年，学校以学年为单位，每年都要评选出"我心目中的好老师""十佳青年教师""十大师德标兵""十佳班主任""十佳教师""十佳党员"等，并将他们的照片和事迹介绍张贴在宣传橱窗内或在媒体上，大张旗鼓地进行宣传，让老师增强自己的成就感。

（6）为了更好地增强与教师的沟通理解和管理。校长和副校长蹲点每个年级，帮助指导年级部，全面管理该年级所有事务。

无论是学校的元老级的老教师，还是刚刚入职的新教师，都对九江三中都有着浓厚的感情。大部分教师表示，虽然每天都有做不完的工作，还有中高考的压力，身上有担子更有感情，就像九江三中信息屏上显示的那样"如果不能改变工作，就改变对工作的态度"，每个老师都是累并快乐着。

三、青年教师，幸福成长

青年教师是学校师资队伍的重要力量，其发展状况直接影响着学校教育教学质量。专业发展是青年教师发展中的核心内容，研究青年教师专业发展，不仅有助于提升青年教师和管理部门对专业发展重要性认识，而且有助于青年教师明确制定发展规划；依据教师职业生涯的阶段性理论，科学合理制订青年教师的专业发展计划，有利于青年教师明确自己专业目标和发展任务，并采取切实可行专业发展策略，最大限度实现自己的专业发展目标，满足学校发展的需要，成就自己人生愿望；同时，也有利于学校合理开发

---

❶ 九江三中：张成卓. 精心培育适合每位学生发展的沃土，http://www. jxjjsz. cn/Article/ShowArticle. asp? ArticleID =1930.

和利用教师资源,提升学校办学效益,实现学校跨越性发展。

（一）七年发展规划——促进新生力量迅速成长

青年教师是学校的未来,他们的快速成长影响着学校的未来。学校应帮助青年教师做好人生规划和教科研规划,应千方百计为青年教师的成长提供条件。要积极引导青年教师读书,规范阅读内容,拓展阅读时空,关注阅读效果。要积极引导教师致力教学科研,追求教学模式,追求教学境界,用炽热的情感投入执着追求的精神状态成就自己幸福的教育生涯。特别关注课堂,还课堂以学生,让学生成为学习的主人,得到生动活泼的发展❶。

九江三中 35 岁以下青年教师 154 人,青年教师的培养已经成为九江三中教师队伍建设的核心所在。九江三中要求青年教师一要做到"心中有目标,脑里有想法"——一年掌握规范,三年胜任熟练,五年成为骨干,七年能挑重担,做好自己的人生规划和教科研规划。二要从起点做起,做好"五个一"——研读好一套教材、备好每一套教材、研究好一班学生、认真出好一套试卷、诚实上好每一节课。

对于青年教师的培养,学校依照《九江三中青年教师培养方案》《九江三中十佳青年教师评选方案》开展各项工作,大投入,善用人。

1. 大胆使用

在政治上和教学上给他们压担子,评选出的最受学生欢迎的老师和十佳青年教师中,有学校中层干部,年级部主任、教研组组长,更多的是在教学上委以重任的年青教师。

2. 大力宣传和表彰

2012 学年度,政教处组织学生评选出"最受学生欢迎的老师"和科研处根据教师业绩材料打分评选出"十佳青年教师"(十佳青年教师的评选重教学成绩、重科研水平、重育人水平)。"最受学生欢迎的教师"评选活动由政教处组织,先由班级学生投票评出初选名单;然后年级部教师在初选名单的基础上投票确定入围名单;最后分部召开学生会议(每班 20 人),先由学生讲述参评教师先进事迹,然后投票评出"最受学生欢迎的教师"。"十佳青

---

❶　九江三中: 张成卓. 精心培育适合每位学生发展的沃土, http:// www. jxjjsz. cn／Article／ShowArticle. asp？ ArticleID = 1930.

年教师"的评选由科研处牵头组织。先由教研组推荐或自荐确定候选人,候选人根据要求提供业绩材料,科研处组织打分并根据分数初定入围教师,校长办公会讨论决定表彰名单。"十佳青年教师"评分总分为 100 分,教学成绩占 70 分,科研业绩占 30 分,另有担任班主任工作加分,最多加 5 分。最受学生欢迎的教师 12 人中,35 岁以下的青年教师占有一半。

部分青年教师事迹展❶

---

❶ 九江三中

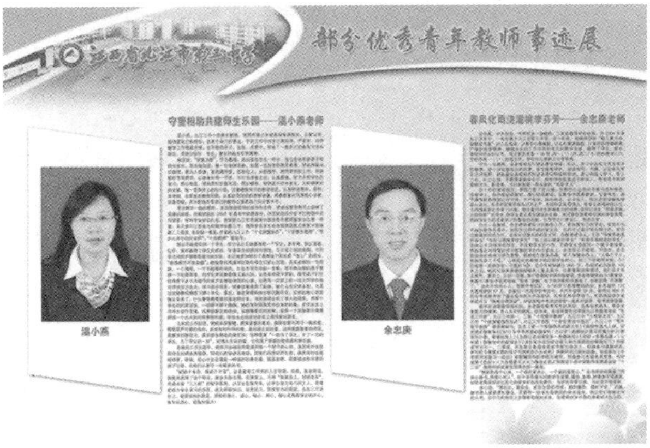

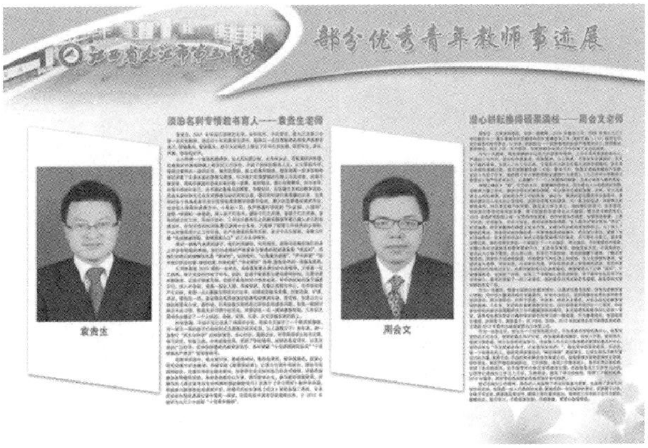

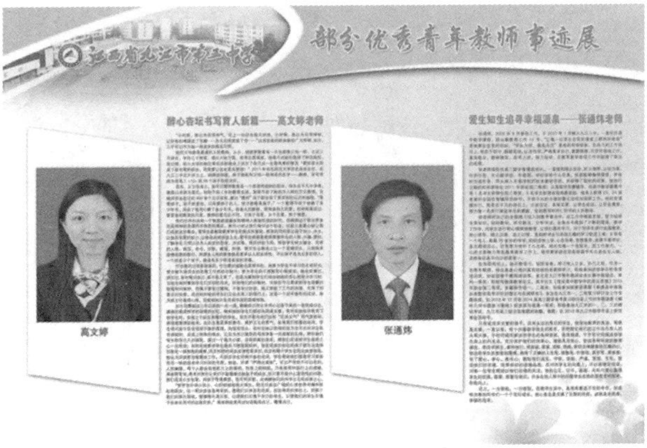

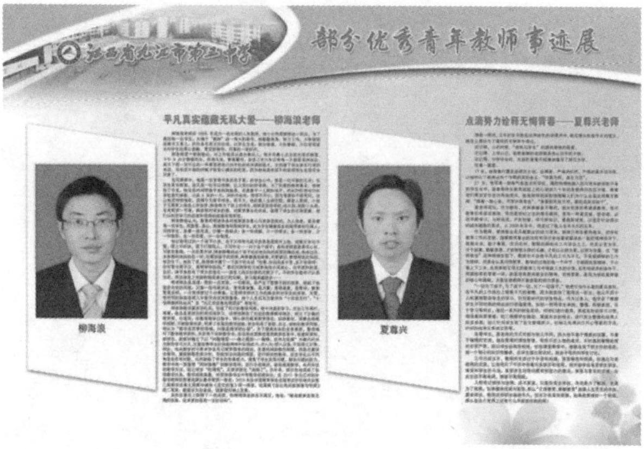
部分优秀青年教师事迹展

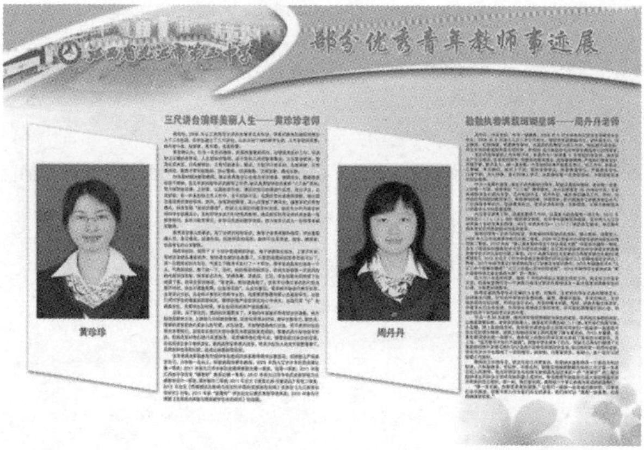
部分优秀青年教师事迹展

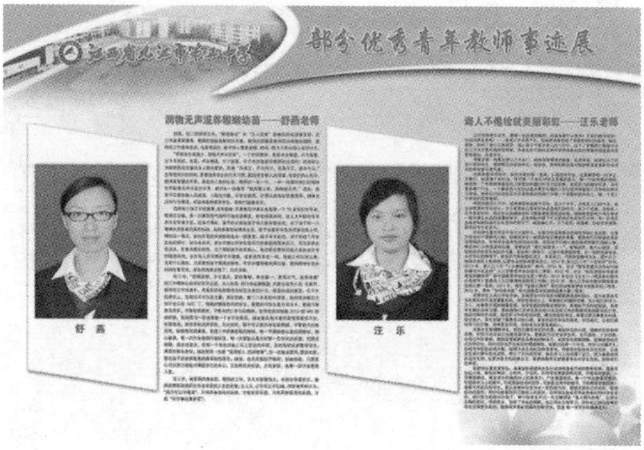
部分优秀青年教师事迹展

3. 千方百计为青年教师的成长提供条件

2012年，九江三中先后组织60余位青年前往衡水一中、长沙一中、北京四中等名校学习；暑期先后派出80多位青年教师参加国家、省、市的各类培训。

衡水之行，醉人心脾[1]

黄柏泉

虽然身为地理教师，但以前并不知道河北衡水这个新兴地级市的名称，而衡水中学大名却早已如雷贯耳。2013年11月15日，在张成卓校长带领下，高三年级一行13人不远千里，前往衡水中学参加第七届中国卓越校长峰会。正如其口号"从优秀到卓越，从卓越到幸福"，我们就是抱着这种想法来的。

衡水中学出名后，相关的产业化就明显了，有许多策划公司出面组织，这次就是由中央电视台中学生频道和北京聚智堂教育集团主办的。也正因为专业策划，所以抓住了听众的心理，满足了不同学校来衡水的教育与教学提高的双重需求。既安排了多场专家讲座，提高校长听众的教育理论水平和借鉴其管理方法，同时安排了9个学科的同课异构，提高教师的对课堂分

---

[1] 九江三中。

析和把握能力。

有全国人大常委、全国人大教科文卫副主任王佐书的《如何提高教育质量》、中国人大附中校长翟小宁的《舒展生命,净化心灵》、一横的《学会感恩,与爱同行》、青岛即墨李志刚校长的《和谐互助,打造高效课堂》、西北工大附中李晔校长的《借高培高,以长带长》、南京金陵中学王军校长的《如何迅速提升学校》、中国人大附中副校长于树泉的《让生命绽放绚丽》、著名哲学家周国平的《启迪善良,传承高贵》。

站在一个教师的角度,给我留下深刻印象的是翟小宁和周国平的报告:聆听大家,如食之甘饴,遍体地舒畅。许多复杂的事情,经他们一分析,化繁为简,直达目的,并能举一反三,真是茅塞顿开。看来真正的大家不是靠宣传,而是靠实力。

地理专业课为同课异构,课题为"两极地区",我倒觉得并不是很适合中学生,更像是公开课。

听课之余,我也在校园内转了一下,发现与会议大厅内的热火朝天不同,校园内显得异样的安静,漫步到教室外,想看一下他们真正的课堂是怎样的,立刻有保卫人员上前阻拦,反而更激起了我一探究竟的想法。在校园内与值周的同学交流,对校园环境的观察,使我有如下感触。

一、高效:衡水中学的教学像工业的流水线生产一样,分工精细,合作密切。有专门研究试卷的,专门编写复习资料的,专门编写教案和学案的——这种高度专业化可以发挥各个方面的优势,取得最大的集体效果。而其他地区学校每一位教师都是综合性人才,在繁重的教学任务的同时,还要自己找资料、钻研大纲、研读教材、编写试卷等,可想而知其精细化程度是打折扣的。正如衡水中学的教师所说,我们的每一位教师不一定比你们好,但我们集体的智慧一定比你们一位名师好。

因此,在衡水中学的校园内和校园外看不到一家卖资料的书店,这与其他地区每一个学校周围就是一大批书店、文具店相比,显得宁静而单纯;也极大地节省了学生的时间和金钱,提高了学习效率。我们很多学生由于缺乏识别能力,只管买来做,不管实际效果如何,造成了巨大浪费。

在全国都在掀起"同课异构",发挥教师个体性的时候,衡水中学却在发挥教师整体性的优势,资源共享,集体备课。这值得我们深思。

衡水中学的高效还反映在其作息时间的安排上,学生作息时间如下。5:30起床,5:40跑操,中间10分钟准备时间很紧,直奔操场,利用整队时间,学生每人拿一本书,在昏暗的路灯下开始读书,整个队伍看不见说话的学生;队伍整好,开始跑操。6:00跑操结束,到教室早读,6:30~7:05是早餐时间,好多学生利用这个时间刷牙洗脸。7:05~7:35第二次早读开始,7:45开始5节课,每节课40分钟,直到12:00放学,其中第三节下课还有第二次跑操。12:00~12:20自习,12:20~12:45午饭时间,12:45~13:45午休时间,14:05开始,下午又是5节课,上到18:15,18:15~18:30吃晚饭,18:50~19:10看新闻,19:15上晚自习,直到21:50三节晚自习,第一节和第二节是学科自习,学校有固定的安排,老师会针对今天学习的内容给你发一套卷子,规定的时间内完成,下课必须交,第二天必然出成绩,然后进行全班排名。22:10熄灯睡觉!

从其作息时间表中可以看出,学生的时间被高度精细化,所以路上看不到走路的学生,只有跑步的学生。还可以看出衡中并不是像外面所传的魔鬼式教学,不让学生睡觉,而是科学合理地安排时间。

二、高雅:衡水中学的校园文化给我最大的感触就是其清新高雅。没有过多伟人的名言,没有过多名人的警句,有的就是更有说服力的学生身边的人和事。学校内张贴的本校杰出的历届学长们的照片,悬挂的是励志标语:我很坚强,我很努力,我能成功,一定成功。在办公室、教室、学生寝室,看到的是教师在认真备课、批改作业,学生每时每刻地手拿一本书,沉浸在知识的海洋中。

正是这种朴素,让我们看到了衡中教师的刻苦、负责、钻研、奉献和学子们吃苦、耐劳、坚强、自信,从而形成了一种衡中精神,并且达到了一种境界,让人佩服,让人赞叹。

衡水之行,饭菜虽很粗糙,但高度的老白干让人身醉;寒风虽凛冽,但精神大餐让人心醉。感谢张校长给了高三一次好机会,让我们身体虽疲劳,但精神很怡悦!经过这次学习,相信我们也一样能行,一定能行,一定能梦想成真!

4.为研究生教师搭建平台

九江三中建立了九江市第一个研究生教师工作协会,为60余名毕业于武汉大学、南开大学、华中师范大学、华东师范大学等名校的研究生教师提供交流、研究的平台。

九江三中创新青年教师培养

九江三中创新青年教师培养。九江三中用"健康第一、家庭第一、工作第一"三个第一的理念,努力打造一支师德高尚、理念先进、业务精湛、关系和谐、结构合理、开拓创新、富有活力的优质师资队伍。特别关注青年教师的成长,青年教师的培养力度空前。帮助青年教师做好人生规划和教科研规划:一年掌握规范,三年胜任熟练,五年成为骨干,七年能挑重担;研读好一套教材,备好每一套教材,研究好一班学生,认真出好一套试卷,诚实上好每一节课。千方百计为青年教师的成长提供条件。评选"十佳青年教师""我心目中最好的老师",给予一定的物质奖励,并大力宣传他们的事迹。成立研究生教师工作协会,为50余名毕业于武汉大学、南开大学、华中师范大学、华东师范大学等名校的研究生教师提供交流、研究的平台。

(二)网状管理——立体化培养青年教师

抓好青年教师的培养工作是一项长期而艰巨的战略任务,九江三中上至学校领导,中至骨干优秀教师,下至青年教师个人,全方位立体化网状培养和管理青年教师,在教师的管理使用上,争取做到有重点、有层次、有目标、有计划,使得青年教师快速成为学校教育教学的中坚力量,为学校迈向新的辉煌打下坚实基础。

1.学校领导时时关注青年教师生活和工作

学校积极为青年教师成长创造良好的生活和工作环境,要让他们实实在在地感受到领导对自己时时体贴,事事关心。学校领导和中层干部蹲点各年级组和教研组,对青年教师进行关注性听课,一位干部关注2~3名青年教师,每周听其1~2节课,坚持"一查四问",即查教案、问指导思想和教学理念、问教学目标及其落实情况、问教学方法和手段、问自我评价和课堂得失,帮助青年教师分析点评,跟踪听课,注意其教学变化和提高。几年来,学校在改善青年教师的工作条件和生活环境方面也做了大量工作,大部分青年教师都配有笔记本电脑;学校住房紧张,领导召开会议,多方配合想方设法给予解决;当教师家中遇到困难的时候,学校尽力为他们排忧解难。

2. 推行导师制,促进青年教师专业化发展

为了让青年教师尽快过好教学关,成为学校教学和科研的骨干,九江三中的导师制已推行多年,先后出台了《九江三中青年教师发展方案》《九江三中导师制》等一系列规章制度。学校充分发挥骨干教师、学科带头人、教学明星、优秀班主任的示范作用,对青年教师的政治思想、专业知识、业务能力、教学、科研诸方面进行一对一结对帮扶,努力做到"手把手",从基础入手,以课堂教学为中心,带动课前课后的各个环节,实行全过程带教。通过他们对青年教师的跟踪培训,指导备课、听课、讲课、反思总结,指导青年教师学生管理,班级管理,指导年轻教师阅读教育名著、做好教学笔记、撰写教学论文、参与教研课题,同时要求每一位青年教师在教育教学实践中勤学苦练教学基本功,树立良好的职业道德素质,树立正确的人生观、价值观、质量观,热爱事业、热爱本职工作,牢固树立专业思想,努力使自己在短时间内具备较好的政治思想素质,具有教书育人、热爱学生、严谨治学、精心施教、以身作则、为人师表、团结协作、培养新人的优良师德。而且尽可能具有科研能力,总结教学经验,从而不断提高教育教学质量和教学能力,使教学水平向更高层次迈进。其实这也是培养学校后备干部的重要举措之一。青年教师骨干将架起今后学校师资队伍的骨架。

3. 建立教师成长档案,搭建平台促成长

促进青年教师专业成长除了有切实可行的措施以外,还必须建立健全管理制度,以规范的管理保证这项工作落到实处,见到实效。九江三中为全体教师建立了教师成长档案,记录每位教师平时的教学和教研成绩,为促进青年教师成长,青年教师的记录更为详细,从师德、教案、授课、作业、听课、教研、培训等各方面详细记录,量化打分,每年评出学校的优秀青年教师进行表彰。

青年教师要早日成才,除了骨干教师的帮、带外,还必须在若干次大的教育教学中反复锤炼。作为学校领导,应该结合教育教学实践,经常性地搭建"舞台",使他们有机会在舞台上充分展示自己的实际能力和水平。九江三中每年都要举行青年教师"希望之星"说课比赛、优质课比赛、课件评比、论文评比等活动,在这些活动中许多青年教师脱颖而出,在不同的方面展示了自己的才华和素质,学校也大胆地推荐青年教师参加全国、省、市各项评比活动,取得了不错的成绩;在九江市进行的"一二三"优秀园丁评比活动中,学校也优先推荐青年教师参与评比;2014年九江三中实行首席教师制,学校首席教师对教师各项素质要求非常高,学校政策也尽量向青年教师倾斜,鼓励优秀青年教师参与评选;在中层干部竞聘中,学校也优先考虑青年教师,选用一批德才兼备的青年教师担任各处室干部,学校也逐渐建立了一支年轻、富有活力、思想开放、勇于改革创新的干部队伍。

(三)校本研训——提供优质成长环境

校本研训就是利用学校这个教师工作、成长的职场,把校本研究和校本培训结合起来,构建以校为本,以研导训,以训促研,提高教师素质,提高学校教育科研水平,促进教师专业化发展的培训模式。

1.学校高度重视,各方面保障到位

九江三中高度重视青年教师培训工作,学校成立了校长为学校青年教师培训第一责任人的培训工作领导小组,制定了学校各项培训的规划,每年有计划、有总结、有专项经费的保证。学校鼓励教师在教育教学实践中开展教师群体性教育研究和专项课题研究活动,鼓励青年教师在职在岗或以脱产的形式进行进修,免费为青年教师自我学习研修购置书籍,订阅报刊及音像资料,向大家推荐了百余本教育专著和随笔,鼓励教师多读书、勤记录、善反思,不断充实教育理论,掌握好现代教育技术,转化教学观念,自觉运用于教学实践之中。

2.组织专门的青年教师培训班

每年暑期学校都要专门组织青年教师培训班,这种以学校为本,以学校为基础,以学校为阵地的校本培训,有利于贯彻和实施学校的办学思想,能切合教师的实际,有针对性地解决教师教育教学中的困惑和问题,有利于促进教师的专业成长,特别是青年教师专业成长。每届培训班,学校领导全部到场,由学校各处室负责人向青年教师介绍学校办学理念、师德师风和各项常规工作的基本要求,同时聘请市里专家和学校的教学明星对青年教师进

行教学管理艺术、新课标教学、现代教育技术、赏识教育、学生心理辅导等多方面培训,培训班还特别开辟一块时间让所有青年教师集体讨论,为学校发展献计献策,这也是大家交流经验、融会思想的舞台,青年人本就有热情、有干劲,大家畅所欲言、无拘无束,在这样自由的氛围下教学品位和艺术又有提高。

3. 其他各项培训班助推青年教师成长

学校开设的其他各项培训也为青年教师的成长提供了帮助。新课标培训、现代教育技术培训、班主任培训、继续教育培训等培训的主要对象都是青年教师。近年学校引入了江苏洋思中学的"洋思"教学模式,为此学校每年都要组织"洋思"培训,其主体仍然是青年教师,大家通过培训一方面学习"先学后教、当堂训练"的洋思教学模式,一方面交流经验,把自己对此模式的研究和探索拿出来,相互促进。现在学校洋思模式的应用已非常普遍,而且取得了不错的成效,得到了社会、家长和学生的一致认可。实践表明,校本研训对促进教师专业能力提升起着重要作用。校本研训是教师专业能力提升和实现专业化的载体和平台。

近三年来,九江三中扎实打造优质师资队伍,提高了教师的整体素质,教育质量和办学效益不断提高,有力促进了学校和谐发展。学校先后荣获了"全国和谐校园""全国艺术教育工作先进单位""全国教育科研示范学校""中国教育管理改革三十年创新管理品牌学校""全国国防生生源基地""全国和谐德育实验学校""江西省人民满意学校""江西省创新管理先进单位""江西省和谐校园""江西省安全文明校园""江西省中小学德育示范学校""江西省培养体育后备人才示范学校""九江市师德先进集体""九江市中高考综合评估优胜单位"等称号,办学赢得了社会的广泛关注和各级领导的充分肯定。

师资队伍的建设是一个永恒的话题。面对成绩,九江三中人并不满足;瞩望未来,九江三中人充满信心。九江三中将不遗余力地打造优质师资队伍,办好人民满意的教育。

第六章　课程与教学管理

学校的根本任务是培养具有创新精神和实践能力的高素质人才,而人才的培养主要是通过教学工作实现的。教学工作是学校的中心工作,而课程是实现教学目的进而实现人才培养目标的重要载体,课程质量在人才培养中有着重要位置。课程建设质量的高低,是决定学校人才培养和教学质量的基本因素,又是师资、生源和管理水平等多种因素的综合反映和学校教学水平的具体体现。

一、教学管理工作的特点与要求

为保证教学工作有效顺利进行,就要对教学工作实行认真、严格、有计划、有组织的监控和协调,即实行有效的教学管理。教学管理工作水平的高低,直接影响到教学工作全局,影响到教学工作的质量。

教学管理的基本任务是研究教学及其管理规律,改进教学管理工作,提高教学管理水平;建立稳定的教学秩序,保证教学工作正常运行;研究并组织实施教学改革;努力调动教师和学生教与学的积极性。教学管理的内容有教学计划管理、教学运行管理、教学质量管理与评价,以及教学队伍、教学研究与教学改革管理。

(一)教学管理特点

教学管理工作是具体化的管理行为,是为教学服务的工作,它具有以下特点。

1. 目的性、计划性

教务工作是有明确目的性的,即搞好教学,提高教学质量,完成教学计划,实现培养目标,培养合格人才。教学管理工作是在教学计划的指导下进行的,是为教学计划服务的。教学管理工作是根据教学计划来安排的。

2. 规律性

教学管理工作有周期性,因此是有规律的。掌握教学管理工作的规律,可以克服忙乱现象,有条不紊地开展工作,使教学管理水平不断得到提高。同时教学管理工作不是单一的,而是联结多方面、多单位的管理,具有承上启下的桥梁作用。

(二)教学管理工作的要求

1. 树立正确的指导思想及目标

教学质量是学校的生命线,提高教学质量是学校永恒的主题,也是教学管理工作的实质要求。有位名校长说得好:"'山不在高,有仙则名。水不在深,有龙则灵。'学校不在面积有多大,装饰有多豪华,有高质量就行。"提高学校的教学质量,必须从实际出发。每个学校都有自己的特点,只有找准问题所在,才能制订出切实可行的措施。教学管理应围绕"提高教学质量,增强学生整体素质和综合能力"的目标,把这一思想渗透到教学管理工作中去,实现教书育人、管理育人。

2. 制订严格完善的课程教学计划,建立健全规范的教学档案

教学计划是实现人才培养目标的总设计图,反映了学校人才培养目标规格与质量。因此,教学管理部门要按照"加强基础、拓宽专业、培养能力、提高素质"的基本原则,组织制订课程教学计划和完善的高质量的教学文件,包括教学大纲、教学日志、教学任务书、实验(实训)指导书、课程设计大纲、听课记录及教研活动记录、学生实验、课程设计等。当社会发展对人才质量标准提出新要求时,原有的课程设置会做出一定的调整和改革。因此教学管理部门要适时对教学计划进行修改以适应社会对人才的新要求。

教学档案记录了教学活动的真实情况,是教学工作所留下的痕迹。搞好教学档案的管理,就积累了教学活动的历史资料,它对于搞好教学工作,包括教学基本建设、教学改革和教学管理,具有十分重要的意义。

3. 重视教学管理工作,不断提高教学管理水平

教学管理部门要负责教学管理工作的规划、实施、监督、检查和指导工

作,成立教学管理机构和领导小组,其主要职责为定期或不定期听取教学管理进展情况,分析教学管理取得的成果和存在的问题。具体工作纳入日常教学管理中去完成,使其有较强的组织保证和可操作性。形成有效的教学管理运行机制,确保教学管理长期稳定地进行。

当前不少具有较高学历的教师走上了教学管理工作岗位。对他们来说,同样有一个加强对教学管理规律的学习和研究的任务。这就要求教学管理人员加强教学管理的学习与研究。

(1)组织教学管理人员的学习与培训,请校内外在教学管理方面学术造诣深、工作经验丰富的专家担任培训教师。

(2)倡导和要求所有的教学管理人员都要结合自己的工作,积极参与教学与教学管理学习与研究,在对他们进行考核时,不仅要考察其完成管理工作任务的情况,还要看其在教学与教学管理研究中取得的成果。

(3)学校采取措施,积极争取更多地参加上级组织的教育研究项目,同时,以立项的方式组织校级的教学与教学管理研究,并在经费等方面予以支持,对出色完成研究任务、成果突出的,给予适当的奖励。只要认真搞好教学与教学管理的研究,学校教学管理人员的管理水平和工作能力就能不断提高,为培养高质量人才提供更好的保证。

4.建设高水平师资队伍是教学管理的关键

建设高素质的教师队伍是学校教学管理成功与否的关键,是学校工作中一项根本性任务。实施素质教育最迫切的是培养素质型的教师。人才培养水平和教学质量的源头就是教师。在学校,教师是主体。只有有高质量的教师,才能办出高水平的学校,才能培养出高水平的人才。因此,建立一支高水平的师资队伍是教学管理水平不断提高的保证。而组建合理的教学梯队是教学管理的基本要求,逐步形成一支结构合理、人员稳定、教学水平高、教学效果好的教师梯队,并完善青年教师培养制度,按一定比例配备辅导教师。通过教学管理,引导教师树立教育的人才观、质量观和教学观,强化质量意识,同时调动教师参加教学改革和学术研究的积极性。

在师资队伍建设方面教学管理部门要做好以下工作:一是制订详细的师资队伍建设措施,二是配合学校决策部门完善教师的用人机制。教学管理工作要注重过程管理,使教师严格教学过程,积极参加课程建设,结合教学开展教学研究和科研活动,并将教学研究、学术研究的成果运用到教学中去,以提高教学质量,在完成知识传授的同时,兼顾对学生基本素质如人格意识、创新意识的培养。要让我们培养的学生成人、成才,这个思想与课程建设的指导思想是一脉相承的。

5. 结合学生发展水平,积极创新教学方法和模式

教学方法和教学模式要根据不同年龄段学生的教育和发展水平不断改革,采用灵活多变的教学方法,如启发型、研讨型、主线型等,寓教于乐,寓教于趣,利用有限的教学时间,在完成知识传授的同时,兼顾到对学生基本素质如人格意识、创新意识的培养。使教师要传授给学生的知识和学生真正需要的知识二者有机结合,更有利于取得好的教学效果。要让我们培养的学生成人、成才,这是教师最迫切需要的基本教学思想和岗位理念,这个思想与教学管理的指导思想也是一脉相承的。

6. 加强教学过程管理,提高教学质量

"质量形成于过程",为完成教学管理目标,及时发现问题,解决问题,使教学系统保持最好的运转状态,全面提高教学质量,必须加强对教学全过程的管理,把传统的事后质量把关转移到对质量形成过程中各个环节的质量控制上,从而实现整个教学过程和教学管理过程的高质量。事实证明,整体优化教学过程管理是大面积提高教学质量的重要手段。

教学过程管理是教学管理中重要的一个环节,为完成教学管理目标,教学管理部门应及时发现问题、解决问题,使教学系统保持最好的运转状态,全面提高教学质量,必须加强全过程的管理,强化教学管理过程中各个环节的质量控制,从而实现教学高质量。在教学管理过程中要有目的、有计划地开展教学研究活动。教学管理部门定期汇总分析教学反馈的信息,及时讨论制定相应的措施。科学客观地评价教学管理水平、取得的成绩和存在的问题,进行反馈,从而促进水平的提高。

充分发挥备课组和教研组的作用,抓好备课组和教研组的管理,是教学管理的重要工作之一。在教学管理中应努力增强备课组和教研组的凝聚力,发挥每一位教师的长处,充分调动他们的积极性、主动性,让每一位教师都能在备课和教研组中找到自己的位置,并通过参加活动充分展现自我,实现自身的价值。

教学管理工作要求我们的教学管理人员有比较高的政治与业务素质，既要有很强的组织管理能力，又要有较高的学术造诣和较强的研究能力。为了达到这样的要求，教学管理人员就不能仅仅忙于日常事务工作，还必须结合工作实际，进行教学与教学管理研究。研究掌握教学和教学管理的基本规律，掌握教育教学改革的走势与动态，从而不断提高自己的学术水平和管理工作能力。教学管理人员要结合自己的工作，积极参与教学与教学管理学习与研究，只有这样，我们才能按照教学和教学管理的自身规律创造性地搞好教学管理工作，提高教学管理水平，为促进课程建设做好服务工作。

课堂是学校教育的主阵地，课程与教学管理是学校管理的核心。九江三中将以研究课堂教学为着力点，积极引导教师致力教学科研，关注课堂，研究学生，吃透教学大纲，深钻教材，深入实施课堂"三三"教学模式，面向全体，还课堂以学生，让学生成为学习的主人，学生由浅到深，由片面到全面，又表及里，由不知到知，由不会到会的认知，特别是思维发展的全过程，成为课堂的主线❶。全力打造高效课堂，提高教学质量。

二、"三三"教学模式，让学生成为学习的主人

九江三中为了改变以往传统的以教师为中心的填鸭式教学模式，改为以学生以受众为中心，以教师为引导，注重互动性、知识性和娱乐性，活跃课堂氛围，激发学习兴趣，通过九江三中人的共同努力，在课堂教学中逐渐形成了"三三"教学模式，让学生成为了学习的真正主人，促进学生的健康成长。

(一)更新观念——把课堂还给学生

九江三中将着力引导教师认真研究教育四大元素(学生、教材、教法、大纲)，全面实施课堂"三三"教学模式，把学习的过程还给学生，把学习的主动权还给学生，让课堂活起来，让学生成为学习的主人，享受思维的乐趣，体验成功的喜悦，使得课堂成为一个富有激情和智慧碰撞的乐园，学生在课堂上学会学习，养成可持续探究创新知识的智能系统和情意系统，每一个学生在

---

❶　九江三中：何以让学生如此钟情？

这里得到充分的发展并掌握开启未来的万能钥匙。

美国约瑟夫·特雷纳曼通过课堂教学测试得出的结论是:老师讲解40分钟,学生则只能记住20%。叶圣陶先生在《当前教育工作的几个问题》中曾对老师霸占的课堂表示不满:"现在上课,还是那个老习惯,老师讲,学生听,好像老师是演员,学生是观众。这是不行的。"接下来,叶先生进一步说:"老师不能光灌输,要多启发,多引导。学习是学生自己的事,不调动他们的积极性,不让他们自己学,是无论如何学不好的。……如果学生不会自己动脑筋,不会自己求知识,学本领,事事都得依仗老师,这样的人培养出来有什么用呢?"

学生是学校教育的主体,教学要以研究学生为切入点,做到以人为本,因材施教,一把钥匙开一把锁,践行赏识教育,落实启发式教育,用多种方式评价学生,多一把尺子量学生,用多种方法教育学生。研读教材是教学实施的重要环节,教学要以研究教材为根本点,做到吃透教材,举一反三。大纲是教学实施的方向,教学要以研究大纲为制高点,做到纵横捭阖,了然于胸。教学大纲是编写教材和进行教学工作的主要依据,也是检查学生学业成绩和评估教师教学质量的重要准则。

(二)创新模式——课堂"三三"教学模式

著名教育家斯卡纳金曾说过,"如果孩子没有学习愿望,我们的一切想法、方案、设想都将化为灰烬,变成木乃伊"。

九江三中坚持改进方法、强调优质、细化管理、质量至上的总体指导思想,坚持一个中心、三个面向、五个要质量的工作思路:工作中以教育教学为中心;面向全体学生,面向全部学科,面向学生未来的发展;向严格的教育管理要质量,向一流的敬业精神要质量,向扎实的各科教研要质量,向各科竞赛要质量,向各项教育教学活动要质量。九江三中把课堂教学改革摆在第一位,转变观念,从改变课堂教学的方式方法入手,构建了学生课堂高效互动合作共赢的课堂"三三"教学模式。

1. 课堂教学目标要有"三个面向"

(1)面向全体学生,注意不同班级,不同学生,不同目标,难易度的设置和把握。完善弥补性教学策略的设计和管理。注重个性化课程的安排和布局。

（2）面向学生的自主学习，做好学生自主学习的结构设置安排，行政组织预设。设计好自主学习的过程的评价方法。注意自主学习层次、难易尺度把握和效益评价。

（3）面向教学目标的有效达到，明确教学目标认识、分析与理解，把握教学目标在学科教学中的有效结构和组合。

2. 课堂教学时间要做到"三控制"

（1）新课时间不超过 20 分钟，要充分运用时间，要精讲、少讲、串讲和导讲。

（2）学生自主探究不少于 10 分钟，实施方式要多样，如纯知识记忆、知识理解和复杂知识拓展等。

（3）教学反馈时间不少于 15 分钟，实行办法可采取核心理念掌握、调查、辨析与确认、当堂测试（问、写、说）等办法。

3. 亲近学生要坚持"三原则"

必须提前 2 分钟到教师候课，必须课中参与学生自主学习，必须做到下课不拖堂，并及时答疑。这三原则实质是有效教学的行政功能和常规规范功能。

在具体的教学操作过程中，九江三中强调要突出一个中心，抓住两个关键，把握三个环节，注意五个前移。突出一个中心，就是突出课堂教学这个中心，强化课堂管理，提高课堂效率。抓住两个关键：一个关键是加强集体备课，强化团队意识；一个关键是抓好考试命题，提高应考效率。把握三个环节：把握"讲"的环节，讲什么，讲多少，怎么讲，心中要有数；把握"练"的环节，练什么，练多少，怎么练，要有统筹安排；把握"用"的环节，用好网络，用好图书馆，用好教学辅助手段，改革课堂教学模式。注意五个前移：注意基础前移，从初一、高一基础年级抓起；注意目标前移，从最后一名学生抓起；注意突破口前移，从薄弱学科抓起；注意中心前移，从集体备课抓起；注意重点前移，从引领教师专业发展抓起。

在常规教学方面，九江三中全面落实教学工作的"十字方针"，即：备课要"深"，上课要"实"，作业要"精"，教学要"活"，手段要"新"，活动要"勤"，考核要"严"，辅导要"细"，负担要"轻"，质量要"高"。

"三三"教学模式的形成让课堂变成真正的学堂,让讲堂变成真正的练堂,师生之间的主、配角地位较之传统教育有了实质性的转变,也让教育和教学在课堂上实现了真正的渗透。学校无线宽带的覆盖,在九江市率先将多媒体配置到教室,以及学校无纸化办公的推进,标志着数字化校园的成形,它为九江三中打造高效课堂提供了强大的技术支撑。

浅议打造高效课堂

课堂教学是学校实施素质教育的主阵地,课堂教学质量的高低直接影响着学生的学习和成长,直接影响着学校的办学质量和发展。高效课堂是指在常态的教学过程活动中,通过教师的积极引领和学生的积极主动的思维过程,在单位时间内的高效率、高质量地完成教学任务,促进学生发展最大化的课堂教学活动。笔者认为可从以下三个方面打造高效课堂。

一、师生角色的转变

很多教师认为教学教学,就是"我"教"你"(学生)学。在教学中总抱有这种思想,我教完了,你学得怎样是你自己的事。这样的师生关系好像体现了新课程的教师主导、学生主体地位,但这种思想其实是害了学生,也害了自己;学生对你教的掌握了怎样,你全然不知;你对自己教的效果怎样,也全然不晓。那还谈什么课堂的有效和高效?

要全面落实新课程"自主、合作、探究"的思想,打造高效课堂,师生角色的转变必须落实。教师应从一个健谈的"讲者"变成循循善诱的"引导者",从一个循循善诱的"引导者"变成共同探讨的"学习者"。或者可以说教师是一位善于启发引导的最优秀的学习者。学生应从一个言听计从的"学习者"变成一个富有个人见解的"讲者",从一个富有个人见解的"讲者"变成一个尊重他人的"合作者"。师是生,生亦是师,教学相长,和谐发展,课堂高效。

这样,师生角色变了,课堂45分钟的分配也随之发生变化,教师占有的时间可从原来的40分钟变成10~15分钟,学生占有的时间可从原来的5分钟变成30~35分钟。但要提醒的是,教师占有的时间是少了,但并不是轻松了,而是更累,更紧张了。课前备课的量更大了。

二、课堂目标的定位

一堂课,应该安排多少教学目标? 有人认为量多为好,理由是讲得少,学生掌握得也只有极可怜的一些;讲得多,学生总能掌握得多些。其实他不明白,一个容器,如果你使劲塞,结果往往是事与愿违,竹篮打水一场空,啥都不能装。同理,45 分钟,教学目标越多,教学效果越差。

要打造高效课堂,课堂教学目标的定位必须落实。笔者以为,一堂课学生有一得足矣。通过教师的引导,自己的钻研,同学的讨论,课堂的巩固,在他脑海中已经留下了深深的痕迹。课堂掌握了,课下轻松了。通过对话交流,教师对每位学生的掌握情况也了然于胸,布置作业、个别辅导针对性也就强了,一位优秀的教师绝不会让过多的"垃圾作业"去挤占学生的自由支配时间,给学生减负了却有高效的收获。

但也要注意,教学目标的确定也要依学情而定。定多了,吃了要全吐出来;定少了,又吃不饱。

三、课堂模式的选择

有的教师,他的课堂模式永远只有一种,讲—练—讲。其实,课堂教学模式有多种多样。我们教师可以根据授课内容、教学目标、学科特点、学生情况等方面选择最适合学生掌握知识的课堂模式。可供我们选择的有示例演练模式、讨论模式、作业模式、答疑模式、观摩模式、实验模式、提问模式、自学模式、激励模式、合作参与模式等,只要是有利于学生掌握知识的课堂模式,都可以大胆地采用。

随着多媒体进课堂,越来越多的教师喜欢采用多媒体教学课堂模式,这是好事。但要提醒的是,多媒体教学模式不可滥用,并不是所有的教学内容都适合用多媒体来上,也并不是用了多媒体教学模式效果就特别好,多媒体教学模式要合理地选择运用。

课堂模式,我们还可以依据自己的教学特点,根据自己任教的学科特点创造出新的课堂模式。

课堂教学改革是一个永恒的主题。课堂教学改革牵一发而动全身,引发的是教育教学的多米诺骨牌效应。转变师生角色,合理定位教学目标,恰当选择课堂模式,教学方式方法、组织形式、课堂制度等一切就全变了,变得满盘皆活,变得充满生机。

(三)练好内功——多措并举,多管齐下

1. 理念引领

综观中外教育改革,无不是把课程作为提高人才培养质量的关键来加以改革和建设。九江三中的课程改革,它的核心理念就是全面关注每一个学生的发展,提高学生各个方面的素养,为其一生的发展奠定必要的基础。这样的功能定位,跳出了长期困扰高中教育的升学和就业双重任务的定位困惑,实现了从精英教育向大众教育、从应试教育向素质教育的转变,把课程的功能聚焦在为学生的终身发展奠定基础上,凸显了以学生发展为本的课程指导思想和新理念。在这种背景下,九江三中对教学进行了深刻反思,并多次组织领导干部和教学骨干前往课改先进校学习观摩。经过充分讨论,借鉴成功学校经验和结合九江三中实际基础上提出了课堂"三三"教学模式。

2. 科研保障

课堂"三三"教学模式提出后,九江三中利用科研充实模式的内涵。在"三三"模式科研过程中,科研处充分发挥三个队伍的作用,坚持以研导教、以教促研、研教结合,在"实"字头上下工夫,在"研"字上求发展;充分利用研究生教师工作协会这个平台,促进研究生教师在教学科研上的特长。近三年来,九江三中的国家、省、市级课题立项达70个。

3. 电教支持

课堂教学模式的变革离不开教学手段的变革,教学手段的创新为九江三中"三三"教学模式的形成提供了强大的支持。九江三中为全校每位教师配备了手提电脑,将多媒体配置到了每间教室,开通了无线网络,加大了学校资源网的建设,充实了学校网站的内容。

4. 学科实践

"三三"教学模式提出后,九江三中在每个学科挑选了一两位教师重点实践,有些教研组有了自己的创新,如英语组的先学后教,数学组的学案教学等。

5. 专家指导

在操作过程中,九江三中不断邀请省、市知名专家莅临学校进行指导,

有省、市教科所的领导和专家,有省特级教师,更有省教育考试院的专家。他们对"三三"教学模式有很高的评价,也提出了很好的建议,给模式的完善和成型一个巨大的推动力量。九江三中以科研组牵头,组织了"三三"教学模式校内专家组,指导帮助教师实践"三三"教学模式。

6. 活动推进

九江三中通过组织多种形式的活动推进"三三"教学模式的开展,如读一本教学专著,研究好一个课题,上好一节课,评好一堂课等。领导推门听课,首席教师、省市教学骨干上示范课,青年教师上汇报课形成和制度。每年召开教学经验交流会,每两年举办"琥珀"杯教师基本功大赛。

(四)成效显著——花红果硕,生机盎然

1. 教师理念得到更新

师生实现了角色转换。绝大多数教师不同程度地实现了角色转换,转变了过去传统的教学方法,由以往单一的知识传授转变为引导学生自主合作、探究性学习。教师不是简单地使用教材,而是博采众家之长,灵活地使用,注重联系生活实际,克服传统的知识本位和单向灌输等弊端,平等和谐的师生关系得到较好的体现,课堂教学形式发生了明显变化。学生成了课堂教学的真正中心,教师只是课堂教学环境的设计者、学生学习活动的组织者、引导者、合作者和促进者,以及课程的设计和开发者,是学生学习活动的顾问。这样,教师从前台退到了幕后,从"演员"变成了"导演",从主宰者变成了组织者和合作者。

2. 教学手段实现多样化

一流的理化实验室,配置先进的手提电脑,多媒体装配到高中教室,视频、音频、声频三频一体化,教师教学手段的运用多了,极大地提高了课堂效率。

3. 学习方式得到改变

大多数学生已经从传统的学习方式转变为自主、合作、探究的学习方式。学生人人参与,学习过程中的发现、探究、研究等认识活动突现出来,学习过程更多地成为学生发现问题、提出问题、分析问题和解决问题的过程。善于提问、敢于辩论、乐于合作已经逐步成为学生课堂学习的习惯;课前收

集资料、获取信息也成为学生学习许多课程的自觉行为。各学科教学都注意以学生为本,强调学生自主学习,适当引入探究性的学习方式,激发了学生的学习兴趣。2010 年,九江三中举办了"首届教育教学开放周"活动,15 节国家级骨干教师、省市教学明星、教学骨干的示范课,43 节青年教师的优质课,贯彻了新课程理念,采用了课堂"三三"教学模式,运用了多媒体教学,设计新颖,教师主导、学生主体,使教学真正成为一种在教师参与、指导和建议下,学生积极主动地获取知识和应用知识的活动形式,得到了与会省教研室、市教科所专家,以及家长的高度评价。

4. 教师专业得到提升

以 2011 年为例,九江三中教师在国家、省、市级刊物上发表论文 68 篇;在各级教学技能比赛中,有 208 人获得国家、省、市级一、二、三等奖;有 2 人被评为江西省特级教师,2 人被推荐为江西省学科带头人,3 人成了江西省骨干教师候选人,1 人被评为江西省课改先进个人;学生在各类竞赛中,有 458 人获得国家、省、市级一、二、三等奖。

5. 教学质量稳健提高

2012 年高考,一本 101 人,二本 268 人,体艺一本、二本 150 人,总计 418 人;文理科 600 分以上考生 15 人,其中文科柯丽珍以 634 分夺得九江市 2012 年高考最高奖文科殷氏奖。2013 年高考,一本 187 人,二本 375 人,体艺一本、二本 175 人,总计 550 人;理科 600 分以上 13 人,其中 8 人进入全市前 50 位,全市排名第二。2014 年高考,一本 183 人,二本 363 人,体艺一本、二本 170 人,总计 533 人;理科 600 分以上 16 人,590 分以上 46 人;文科一本上线 51 人,位居全市第二。实现了学校"优质发展,均衡发展,全面发展"的办学理念,凸显了"理科为主,文科见长,体艺特色"的教育思路,兑现了"高分进高分出,低分进高兴出"的郑重承诺。

三、教育科研,学校教育的第一生产力

九江三中在《2012—2017 发展规划》中明确提出要走"科研兴教、科研强师、内涵发展"之路,把"强化教育科研,落实并优化教研组,备课组活动"作为提升课堂效率的长效机制,把教育科研作为学校教育的第一生产力。

九江三中全面落实科学发展观,确立教育科研为"发展教师、发展学生、发展学校"服务的工作方向,围绕"以'启明星'为手段,以学科竞赛为支点,以课题研究为载体"这一总体思路,进一步加强课题的有效研究与过程管理,积极开展校本教科研活动,推进课程改革,真正使教科研走向实践,走近每一位教师,力争使教科研工作有新的发展,新的突破,新的高度。

(1)强化教师的集体备课,在教研组、备课组内自然形成良好的教研氛围。

(2)大力开展中高考的研究,密切关注中高考出题动向,注意考试的分析评价。

(3)积极引领教师,围绕提高课堂教学质量开展教学研究。

(4)完善各项管理制度,规范教科研活动;着眼教师专业成长,培养教科研骨干;依托校园教研网络,提升教科研层次;抓实课题实施过程,物化教科研成果。

(一)科研兴校——校长示范,促进学校内涵发展

九江三中强力推进科研兴校的战略,九江三中人认识到教科研是学校教育的第一生产力,高举科研兴校的旗帜,以优化课堂教学为对象,以国家级课题"利用信息技术实现学校数字化管理的研究""各科教学法有效性研究""少教多学在中小学语文教学中的策略与方法研究"为依托,引导教师强力推进教育四大元素(学生、教材、教法、大纲)的研究,深入实施课堂"三三"教学模式,全力打造高效课堂,还课堂以学生。学生成为学习的主人,充分享受思维的乐趣,体验成功的喜悦。

1. 校长带头示范

课题方面,笔者主持并成功申报了省级重点课题"高中语文课程审美探究",该课题依据高中语文课程,挖掘高中语文课程教材中蕴含的美育因素,确定美育点并形成高中语文课程审美教育体系,对学生实施审美教育,培养学生欣赏美、鉴赏美、创造美的能力,进而建构起完善的审美心理结构,形成创造美的能力和自觉创造美的意识,并最终使人格得以完善,获得全面和谐的发展,做一个真正的具备独特创造力的人。依托课题,九江三中做了许多

有益的探索❶。除此之外,笔者近几年申报并结题多个国家和省级课题,如主持研究的中国教师发展基金会教师科研专项基金"十二五"规划重点课题《利用信息技术实现学校数字化管理的研究》经专家评审,2013 年 5 月顺利结题;2012 年 7 月申请全国教育科学"十二五"规划教育部规划课题"'少教多学'在中小学语文教学中的策略与方法研究"子课题《少教多学与高校课题研究》批准立项;2013 年 11 月申报的《中学语文课堂"三三"教学模式的探究》课题通过立项,被评为省级重点课题等,在课题研究方面为其他教师做了良好示范。

除了课题之外,笔者还积极进行文章的撰写和研究,2012 年 5 月文章《以五大举措强力推进学校数字化管理》,荣获国家教师科研基金"十二五"阶段性成果一等奖;2012 年 11 月撰写的《做一个有品位的校长》文章发表在《学园》杂志;2013 年 12 月的文章《求实创新 五策并举 强力推进质量提升》发表于《中学课程辅导(教师通讯)》等。九江三中教师不断追求科研创新和突破,取得了丰硕的成果。

2. 打造教研兴校平台

(1)利用网络指导和服务教研。九江三中积极完善教研网面及《三中教育科研》的内容及板块,拓宽教师交流渠道,利用网络教研及《三中教育科研》平台凝聚教研力量。

(2)加强教研队伍建设。要求教师积极参与课程研究,先教学定位,再科研接轨。中青年教师要求走在教科研的前沿,通过教学探究和教学评比,强化其科研能力,并加速教学转型,从经验型转向科研型、专家型、学者型,同时每学期每一位教师撰写 1 ~ 2 篇较高质量的案例和论文进行交流。

(3)倡导读书活动,建设书香校园。每年读书节要有实效,不仅教师要读书,还要有目的、有计划、有步骤地引导学生读书。九江三中倡导教师阅读教育理论专著,掌握基本的教科研方法,牢固树立以学生为本,促进学生全面、和谐、持续发展的思想,并把理论内化为理念,用理念指导课题研究和

---

❶　九江三中. 琥珀山头:德育之花怒放. http://www. jxjjsz. cn/Article/ShowArticle. asp？ ArticleID = 2195.

教学实践。继续支持、鼓励教师参加学历教育、业务进修。

（4）依托校园网络，构建教研平台。为了充分发挥信息技术的作用，九江三中依托校园网，加强建设教研组网站。

3. 完善科研管理制度

（1）制定、完善一套符合学校实际，便于操作，以培养创新精神和实践能力为核心的教科研考核评价制度。每年度组织一次"我心目中的好老师"和"十佳青年教师"的评选活动。使考核评价、评选能激励教师从事教科研，以提高办学质量和办学品位。

（2）成立学术委员会。学校聘请专家、本校特级教师及具有较高科研能力的高级教师组成学术委员会。其职能是参与、指导或合作进行课题研究，规划课题方向，承担学校教育科学论文及其他优秀科研成果的评审工作，举办教科研大会等研讨活动，对全校教师科研进行学术指导。

（3）确定课题主攻方向，有针对性地开展课题研究。在教学中，要找出影响教学质量的瓶颈问题，明确研究方向，力创我校的精品课题。

（4）严格考核，激发活力。努力探索并制定适合学校特点的教科研激励机制，进一步修订和完善校本培训、教研活动、课题研究、教科研工作的相关制度。奖励教科研成果，激发教师的教科研热情，提升学校教科研的实力。

（二）科研兴教——交流推动，增强教育改革创新的内驱力

为了提高教师搞科研的信心和能力，学校组织参与同行交流。在学校内部，九江三中积极打造科研兴校平台，完善教研网及《三中教育科研》的内容及板块，拓宽教师交流渠道。九江三中还积极加强教师的业务学习，有步骤、有计划地组织校本培训，组织教师学习现代课程改革方面的教育教学科研理论，进一步提高学校教师的理论水平和科研水平。

在与其他学校及优秀教师专家的交流中，九江三中采取"请进来，走出去"的方法，促进教学科研氛围的形成，请专家来校讲学，请教研活动来校开展，走出九江，走向全国，交流探讨，与先进教学理念对话，扩大了视野，有了思考，有了探索，有了实践。每年一次"走出去"，到教育科研先进单位参观、学习、借鉴；每年一次"请进来"，请有关专家、领导来我校举办教育科研讲座，进行教育实验工作指导。

同时加强校本课程研究。校本课程开发结合学校、学生、教师实际情况,服务于学校教育教学和学校管理。通过校本研究不断提高学校办学水平,促进教师的自我发展,培养创新人才。

九江三中举行国培计划"专家到我身边"活动❶

2013 年 12 月 18 日上午,根据"国培计划(2013)"安排,江西省中小学农村骨干教师远程培训"专家到我身边"送课送培活动在九江三中举行。

北京市通州区教师研修中心中学语文教研室主任、中学高级教师、北京市学科带头人毛洪其老师为大家上了一堂观摩课,他以初三年级作文能力迁移为主要内容,毛洪其老师对学生、文本认知深刻,教学设计独具匠心,为九江市老师送上了一顿丰富的语文教学大餐。

送培送教活动为学员提供了一个展示课堂风采的平台。专家走进学校、走近学员,点评课例、现场指导,更好地发挥了国培计划示范引领的作用。促进了远程培训与现场教学的有机结合,提升了远程培训的实效性,同时也为在场教师解决了课程改革中面临的实际问题。

据了解,"专家到我身边"活动持续一天,让老师零距离与专家接触、交流,解决老师在平时教学中遇到的棘手问题,进一步提高九江市语文教师教学水平和课堂驾驭能力。九江三中语文高级教师袁世明感慨地说:"来讲课

---

❶ 九江三中,http://www.jxjjsz.cn/Article/ShowArticle.asp?ArticleID=2070.

的国家级专家确实水平高、经验丰富,作文学习一直是教学和学生学习的难点,通过这次培训和专家面对面交流,让我茅塞顿开,原来作文教学课可以这样上,希望学校能经常举办这样的活动,让我们开开眼界。"

(三)科研兴师——表彰激励,增强教师教研积极性

九江三中逐步完善科研管理制度,制定、完善一套符合学校实际,便于操作的教科研考核评价制度,对于参与课题研究的教师给予适当的精神和物质奖励,同时把该项工作和教师的职称评聘、学校各类评优等工作联系起来。全体教师教研热情高涨,积极投身到教科研中。科研兴校、科研兴教、科研兴师,做学者型、专家型教师,已成为九江三中全体教师的共识。

九江三中把教育科研评比、奖励及推广工作做到实处,每学年进行一次优秀课题组评比活动,举行一次青年教师赛课评比,举行一次"琥珀杯教师基本功大赛"活动,举行一次琥珀论坛活动,每学年评选一次先进科研工作者,根据获奖等级,学校发给证书和奖金。每学年出版两期《三中教育科研》,做好老师论文的征集、推荐发表工作。同时抓好竞赛辅导工作,根据主教练制,聘请老师安排竞赛辅导,对学生获奖按照有关规定给予辅导老师奖励。

通过教研,九江三中教师意识到,知识能够灌输,而能力不能灌输;学习能够包办,而生活不能替代。能力与生活感受获取的唯一途径是实践与检验。高考考的不仅是知识,更是学生发展与成长的阶段缩影,包括他们的意志力、信心、思维方式等非智力因素,这些因素主要来自平时课堂中的训练。他们还课堂以学生,让学生成为学习的主人。学生找到了放飞思想的天空,主动学习,多维互动,自主高效成为课堂教学的主旋律。学生享受着思维的乐趣,体验成功的喜悦❶。

近三年,九江三中课题结题和立项的共有 37 项,其中国家级课题 4 项结题,2 项立项;省级课题立项和参与的共 6 项,结题 3 项;市级课题立项 18 项,结题 4 项。校本教材出版 4 本,其中梁国梅主编的校本教材《生活化学》

---

❶　九江三中. 众志成城托起美丽梦想——九江三中 2013 年高考又喜获特大丰收探秘,http://www. jxjjsz. cn/Article/ShowArticle. asp? ArticleID＝1960.

在九江市义务教育阶段的新课程优秀地方教材、校本教材评比活动中,获一等奖,曹荣星主编的校本课程《身边的化学》荣获全省第二届普通高中优秀校本课程评选二等奖,付志鸿、张通炜主编的校本课程《高考数学二轮复习题系》和毛秀成主编的校本课程《高考语文基础知识拾贝》荣获全省第二届普通高中优秀校本课程评选三等奖。发表和获奖文章共计149篇,其中国家级文章发表20篇,获奖4篇;省级文章发表21篇,获奖14篇。

在2013年中国教师发展基金会"十二五"教师科研成果优质课评比中,九江三中提交了11节优质课教学实录,经中国教师发展基金会专家委员会评审,8节荣获全国科研优质课一等奖,2节课荣获全国科研优质课二等奖,1节课荣获全国科研优质课优秀奖,并被中国教师发展基金会、教师科研专项基金管理办公室评为"全国科研优质课实验基地"。

四、质量评价导向的教学管理,学校发展的基点

九江三中以"三三"教学模式的深入探讨为抓手,广纳博引,强化教育科研,为学生未来发展奠定知识之基。

(一)建立科学评价体系

1. 建立学生发展质量评价体系

以学生为中心,尊重学生的个性和差异,注重学习策略与课堂效益,以学生的全面发展为本,教师在备、教、改、导、考、析等环节上,充分考虑学生的需要,充分尊重学生的意见和建议;培养学生的能力、才干、胆识;培养学生的良好学习习惯,开发学生的学习潜能,激发学生的求知欲望,引导学生学习创新。充分培养学生的创新精神和实践能力,发挥学生的创新精神和实践能力,发挥学生的主体性、探究性、参与性和自觉性,为其今后发展打下坚实的基础。

完善学生发展性评价方案,建立常规性工作机制。由重分数、重结果向重能力、重过程转变。注重过程性评价,加强形成性评价。积极探索实践测评、成果展示、讨论答辩等多样化的评价形式和手段,力图多用几把衡量的尺子,多出一批各有所长的好学生。编制学生成长记录册,努力实行学生学业成绩与成长记录相结合的综合评价方式,在对学生进行文化课水平评价的同时,还对学生在学习上的情感表现、动手操作能力、身体技能、审美能力

等各方面进行评价。对学生进行评价,要实现学生自评、学生互评、家长评价相结合的综合评价。

以学生为主体,采取多方位、立体化评价方法

为更好地促进学生发展,学校应倡导形式多样的学生评价方法,强调评价主体的互动和参与、评价内容与方式的多元化,鼓励广大教师在"好习惯就是好学生 有进步就是好学生"这个大的方向下,结合自己的工作情况,开拓创新,灵活有效地对学生进行多方位评价,逐步形成了有学校特色的立体化学生评价方法。

(1)学生自评与互评。每月由教务处组织实施,班主任负责具体操作,利用班会时间让学生进行自评与互评。学生自评首先要发现自己的进步与发展,再分析不足,明确今后学习生活的方向;互评则是让学生们相互寻找其他同学的优点,进行优点介绍。这样学生一方面获得自信,一方面又可以重新调整自己的位置,获得更好的发展。

(2)班级小组评价和学生家长评价。每天班级小组负责人纪律、卫生、学习等各方面给该组成员进行评价,总结其一天的表现,突出优点和进步,提醒不足,登记在学生的"家校联系本"上,家长则进行家庭表现评价,提出希望,在"家校联系本"上予以反馈,加强交流,班主任定期检查,对后进学生予以特别关注,共同帮助学生取得进步。同时通过"家校联系本"也反映出该学生不断成长进步的轨迹。

(3)教师评价。教师评价又分为课堂评价和学期评价:课堂评价在课堂上,贯穿于教师的教学过程,教师通过观察学生的课堂状态,随机作出适当评价,通过评价来鼓励学生去思考、去尝试、去实践;教师每学期期末以书面小结的形式对学生的道德品质、习惯养成、学习情况、探索精神等进行全面的学期综合评价,在评价中教师注重评价的鼓励性和发展性,让学生体验成功。

(4)学校评价。学校评价由对学生的评价、对班级的评价和对教师的评价三部分组成,以对学生的评价为主,同时三者又相互配合、互为补充,最终目的都是更好地提高学生的综合素质。学校为所有学生都建立成长档案,对他们的学习态度、行为习惯、道德品质、学习成绩等进行跟踪,促进他们进

步成长；与之配套的班级管理记录和教师业绩档案则记录了班级的进步变化和教师在教学各方面所取得的成绩，可作为学生档案的辅助材料。

2. 建立教师教学质量评价体系

从发展性原则出发，客观、全面、公正地评价教师。分别就教学态度、教学方法、教学手段、教学过程、教科研成果等方面采用量化考核方式进行评价，对毕业班教师教学质量评价另外制订发展性评价方案。

一是依据各学科课堂教学质量评价制度，对教师课堂教学质量进行评估；二是依据教师教学工作规范，对教师备、改、辅等教学工作进行评估；三是依据学生学习成绩的发展指数，对教师的教学绩效进行评估；四是依据同类学校的同年级同学科进行横向比较。

（二）做细考试分析

1. 日常成绩分析

学期期中、期末乃至月考，九江三中都认真进行分析，召开学情教情分析会，分析数据都进入九江三中教师业务档案，非毕业年级实行教学质量考核根据《九江三中教学质量奖惩制度》进行，并将教师业务考核纳入年终教师考核体系。每次考核从均分和尖子生人数两个层面进行。各班起始成绩，初中以入学考试成绩为准，高中以中考成绩为准。尖子生人数以进校排名为标准，初中前 80 名各班人数；高中一年级前 100 名各班人数；高中文理分科后理科前 80 名各班人数，文科前 60 名各班人数。中途插班的学生，若个人分数低于年级均分，考查时不计班级均分；若高于年级均分，计入年级均分。

九江三中初二年级部第一次月考分析会[1]

2014 年 10 月 14 日 16：00，初二年级部在科技楼六楼办公室召开了本学期第一次月考分析会，会议由年级部耿文勇主任主持，参加大会的有各学科

---

[1]　九江三中，http：//www.jxjjsz.cn/Article/ShowArticle.asp？ArticleID=2311.

的备课组组长及全体班主任。

耿文勇主任全面而翔实地分析了此次月考取得的进步以及存在的问题,指出了此次进步的班级,各学科中语文比较平稳,部分学科差距较大。接着,熊少平副主任结合自己的亲身经历谈了自己的感想,四句感谢,声声祝福,感化人心,催人奋进。各备课组组长也就本学科后阶段的教学工作谈了设想和改进措施。

最后,蹲点领导柳冰校助做了总结性发言,他指出这次月考分析会很及时,也很重要,对前阶段的工作是一次检查,也必将对后阶段本年级的教育教学工作起到促进作用。针对平时的巡查,结合这次月考情况,他提出"五个强化":一是强化年级部对班主任和青年教师的指导力度,加强巡查;二是强化备课组建设,缩小各学科差距;三是强化高效课堂建设,有针对性地改进课堂教学,提高课堂效率;四是强化班级管理,形成家校合力;五是强化后进生的转化工作,防止分化加剧。柳校助的"五个强化"鼓舞了我们在座的每一位老师,尤其是青年教师,也必将对本年级的各项工作再上新台阶打下坚实的基础。

初二年级部第一次月考分析会

2. 中高考成绩分析

九江三中依照《中高考教学质量奖励方案》进行,高考考核从尖子生的培养,完成一本、二本指标数,学科均分与市重点中学均分比较三个层面进行。尖子生为高考成绩在全省排名一、二、三名,在全市排名第一或获得殷氏奖者,被清华、北大录取的学生。

一本、二本的指标,根据各班生源情况分别下达。在一本、二本学校总体目标完成的前提下,各班一本、二本超出人数才有奖励。普通班按二本、三本两项指标计算,学科均分与备课组挂钩。中考考核从尖子生的培养、完成择优生指标数、学科均分达浔阳区学科均分比较三个层面进行。尖子生为中考成绩在浔阳区排名前五名者,择优生和定向生指标根据各班生源情况,分别下达。在择优生、定向生学校总目标完成的情况下,各班择优生、定向生超出人数才有奖励,学科均分与备课组挂钩。

五、特色校本课程建设

课程建设是"教学思想与教学目标,教学内容与教学方法,教学的素质与水平,教学基本条件与教学管理"的总体系统建设。它既包括条件的建设(教学计划、教学大纲、教材、教学设备手段等),也包括教学工作状态的建设(教学工作文件、课堂教学、教改措施、教学实践环节的安排、考试制度等)和师资队伍的建设。因此,课程建设的任务就是根据现有条件,按课程发展目标逐步完善课程的各相关要素,强化教书育人、知识传授及能力培养系统,形成推动课程不断发展的有效机制,以达到提高教学质量、实现培养目标的目的。

我国的课程改革进入了全面实施推广的阶段,《基础教育课程改革纲要(试行)》中明确地指出,新课程改革必须遵循"改变课程管理过于集中的状况,实行国家、地方、学校三级课程管理,增强课程对地方、学校及学生的适应性"这一课程管理目标。"三级课程"政策的提出,意味着国家将课程开发的部分权力给了地方和学校。教师作为教学的主体,也便承担起了课程开发的部分责任,继而使得新课程的开发形成了学科专家、学校和教师共同 发的态势。许多学校纷纷开始行动,积极进行具有学校特色、地方特色的课程研究,这种课程研究被称为学校课程,即为校本课程。所谓校本,"一是为了学校,二是在学校中,三是基于学校"。我国的校本课程是具有学校特色的课程,不仅体现各个学校的办学宗旨、资源优势及满足学生的特殊需求,而且紧密结合了国家课程、地方课程,呈现出选择性和多样性的特点。

当前,基础教育改革在我国广泛的开展,作为其中一个亮点,校本课程开发在新课程改革中得到了前所未有的重视。"三级课程管理"政策的颁布,为校本课程开发提供了政策保障。校本课程开发是在学校范围内进行的课程自主研发的过程,是以发展学生个性为目的,发适合学生个体发展的课程。随着新课程改革的不断深化,人们对校本课程的开发也越来越关注,各个学校都开始着手制定适合学校及学生发展的校本课程。然而,传统的课程教学往往只注重成绩,教育工作者只是一味地进行知识的灌输,忽略了学生能力的发展,更不用说培养学生的情感态度和人文素养。校本课程开发在一定程度上可以改变目前这种状况,促进学校特色教学、教师专业化发展和学生个性发展。因此,校本课程开发是课程改革发展的必然产物,符合社会发展的需求,具有深远的现实意义。

九江三中把人文素养类、体育类、艺术类和信息技术类课程作为特色校本课程来开发,并在抓实特色类校本课程、加强学科类校本课程、搞活专题类校本课程做了较有成效的探索。

(一)抓特色类校本课程

九江三中的特色校本课程首屈一指的当属"谷雨诗会",得到了江西省教育厅的确认,每年与九江市文联、九江市作协合办,是江西省名列前茅的校本课程,谷雨诗会给爱好文学的学生提供了展示的平台。以谷雨诗会为蓝本的校本课程教材《青春放歌》在江西省普通高中校本课程开设现场经验交流会上进行了展示,并荣获优秀校本教材(校本精品课程)评比一等奖。

2014年4月20日晚,谷雨之夜,由九江三中、市图书馆、浔阳晚报联袂呈献的"'人间四月天'九江古典诗词名家朗诵晚会"在风景秀丽的泊水湖公园春江花月夜剧院隆重举行。九江三中共有五名同学应邀参加了本次朗诵会和朗诵名家方明、方舟、瞿弦和、雅坤、童自荣、虹云等同台演出,展现出九江三中学子们良好的文学素养和艺术气质。九江市作家协会主席蔡勋为九江三中90后新锐少女作家佐佩出版的《过站不停》一书作序,他在序言中写道:"在九江市的几所重点中学里,九江市三中的文学活动向来浓郁,良好的文学艺术氛围培养出一批批文学新人。九江市三中连续几届的'谷雨诗会'活动,有一个学生的名字被我记住了,她叫扈佐佩。……在未来的中国文坛上,会有一颗闪亮的星星属于九江,这颗星星,名字叫扈佐佩!"

除了谷雨诗会外,九江三中的琥珀讲坛也是为学生打开了一扇开阔视野的窗口。继余秋雨、易中天、纪连海等著名学者莅临九江三中讲学之后,九江三中还先后邀请到北京大学地球空间学院张飞舟教授、著名航天科学家张厚英教授、著名教育专家卢勤、著名军事专家尹卓、全国知名德育专家华林飞莅临琥珀讲坛讲学。为学生提供了与大家面对面的机会,领略大家的风采,聆听大家的讲述,感悟大家的精神,学生道德情操得到了陶冶,懂得了良知、博爱、崇高、正义、尊严和使命,精神世界得到了充实,树立了为人类美好而自愿付出的理想,做人做事的品位也得到了提升。

十八讲 "琥珀讲坛"集锦❶

2008 年高中新课程改革在江西全省铺开,我校根据新课程改革的精神和要求,扎实推进,取得了较好的成效。一直以来,我校拟建立一个师生和名家面对面的平台,以期开阔师生的视野,树立学生学习的标杆。2010 年 10 月 14 日,适逢文化学者余秋雨莅临九江,便邀请其为我校"琥珀讲坛"首开第一讲。之所以取名"琥珀讲坛",一是九江三中所在位置为琥珀山,二是寄寓着九江三中人美好的愿望,希望"琥珀讲坛"犹如琥珀一样晶莹透亮,深得九江三中师生,乃至九江市人民的喜爱。在九江三中人的努力经营下,"琥珀讲坛"群星闪耀,它已然成为九江三中一个亮丽的教育品牌。

第一讲:余秋雨(理论家、文化史学家、散文家)

2010 年 10 月 14 日,余秋雨与高三文科实验班的学生进行了互动,就九江文化的开发、利用、保护,青歌会出文化题的意义,中学生阅读有所选择等问题作了风趣、诙谐、形象的解答,并对同学们提出了善良、健康、快乐的人生要求。

与教师互动。余秋雨先生机敏、深刻、精辟地回答了老师们提出的校园文化建设,九江文化的弘扬,作品的阅读与鉴赏等问题。

---

❶ 九江三中 http://www.jxjjsz.cn/Article/ShowArticle.asp? ArticleID=2343

第二讲:纪连海(著名演讲家、著名历史学者、央视《百家讲坛》主讲嘉宾)

2011年2月25日,纪连海主讲题目为《我这30年》。他深深地热爱着他的事业,热爱着他的学生。他认为,作为一名历史老师,向学生们传授的不应该仅仅是历史知识,毕竟知识是很容易就能获得的,更重要的是传达一种情感,一种任何东西都不能代替的情感,使学生能通过他的课有所得、有所悟。对于母校,纪老师表示,"一个人无论多红多火多风光,都会带有母校的印记。学校里的学生将来不一定都是社会栋梁,但当你们遇到任何无法解决的问题,母校会是永远的港湾。"

第三讲:卢勤(中国少年教育专家)

2011年5月8日,卢勤以"孩子,你真棒"为题作专题讲座。

作为中国少年教育专家,对于家长如何爱孩子,她有自己独到的见解,要懂得赏识孩子,鼓励孩子,多给孩子正面的信息,多给孩子以肯定;要帮助孩子树立梦想并引导他为之付出努力。她希望每个人都要养成一个负责任的习惯,对国家、家庭、自己负责,要认识到"学习是我的责任";她更希望孩子们能将心放大,做一个有为的中国青年,乃至一个有修养的世界公民。

第四讲:易中天(中国知名作家、教育家,厦门大学教授)

2011年6月25日,易中天教授走进高中课堂,与师生们亲切交流,并对学生们的高三学习提出了自己独到的见解。

第五讲:张宁(清华大学博士、九江三中挂职校长助理)

2011年7月23日,赴九江市进行短期挂职的8位博士、硕士研究生以"我的大学生活——穿越地平线的渴望"为题,作了一场精彩的报告。挂职九江三中校长助理的清华大学物理系张宁博士和挂职九江日报社社长助理的清华大学新闻与传播学院马龙硕士,结合自身的求学经历,告诉大家一个人应当有自己的期待和渴望,只要心中有渴望,清华也并非遥不可及。张宁、马龙还巧妙的引用现实生活中的真人真事和一些趣味小故事,形象而又生动的告诉听众,人生在渴望穿越的地平线时,人人都必须有勇气、有恒心独自穿行在茫茫的黑夜之中。没有痛苦,就不会有快乐;没有孤独的静寂,就不会有开心的热闹;没有默默的付出,就不会有丰硕的收获。张宁博士以"人必须往前跑,不一定要跑得快,但是要跑得久""身后虽是阴影,说明面前一定有阳光"等话语激励同学不断进步、走向成功。

第六讲:丁如许(全国知名德育专家,全国优秀班主任、德育特级教师)

2011年8月12日,丁如许以"班主任与科研"为题,和全体德育工作者分享了他的成果。他把班会课归纳为班级例会、班级活动、主题教育课和班级会议四大类型,并就如何利用好班会课举例予以说明;他详细分析了上好班会课的七个要点:精心选题材、巧借八方力、增强知识性、增加开放性、全班齐动员、认真写教案、创造新形式。他告诫大家,要进一步提高班会课质量,班主任要课后常反思,在比较中提高,多了解学生的意见;要研究新课型,上出有即时效果和长期效果的班会课。

第七讲:张厚英(著名航天专家、中国科学院空间科学与应用研究中心研究员)

2012年4月23日,张厚英教授为全校师生作了有关"中国载人航天工程应用与发展"的科普讲座。他为师生们讲解了中国发展载人航天的目的、意义及目前的进展情况,详细介绍了航天飞船知识、运载火箭的发射与飞行、太空科学实验等许多师生们极感兴趣却又闻所未闻的科学知识。

第八讲:卢勤(《中国少年报》"知心姐姐"栏目主持人)

2012年5月26日,卢勤开始了"让责任成为你的渴望"的演讲。她说,人生一定要有理想和目标,有了理想,一定要把自己的理想写出来贴在墙上,并写上两句话:不为任何风险所惧,不为任何干扰所惑。对于如何让诚信和责任变成我们的渴望?她认为关键在于我们要有责任意识:对自己负责、对父母负责、对社会负责和对国家负责。她还希望大家有良好的心态,记得每天对自己说声"太好了",对生活说声"太好了",对困难挫折说声"太好了"；并衷心希望同学们记住三句话：太好了，改变心情就改变世界；我能行，改变态度就改变了命运；我帮你，改变情感就改变了生活……

第九讲：华林飞（全国知名德育专家、特级教师）

2012年8月7日，华林飞作"关爱学生需要教育智慧"的专题报告。他从中国当前的基础教育形势说起，结合自己二十多年的教学经历，以一个个鲜活的案例，讲述了自己由一个单纯的教书匠转变为一个优秀班主任的历程，同时，阐述了自己的四点教育理念：回归生活、凸显体验、关爱生命、交往互动。他指出，教学的最终目的是要回归生活，而不是停留在空洞的说教上；他主张带领和引导学生在对生活的体验中获取知识，培养良好的行为和学习习惯；他重视对学生的关爱，对个体的尊重，充分与学生沟通交流，满足学生的内心需求。

第十讲：尹卓（著名军事专家、海军少将）

2013年1月19日，尹卓做客九江三中作《中国周边安全环境与对策》的精彩演讲。

报告中，尹将军认为，美国仍然是全球唯一超级大国，中国的发展和安全在很大程度上取决于中美关系。中美的战略力量体系对抗，是影响中国周边安全环境的核心因素。我们的目标主要是提高战争的难度，让战争打不起来，但要时刻做好准备，不得已情况下后发制人。目前紧要任务是集中精力加快发展，提高人民的生活水平。

同时，尹将军就南海等热点问题谈了自己的观点，他认为，南海问题涉及整个海洋安全和国家战略，应考虑大局；决不能逞一时之勇，图一时之快；而且他对钓鱼岛的时局也做了比较详细的分析。

第十一讲：汪志广（全国知名教师培训专家）

2013年8月5日，北京海淀区中小学干部研修中心研究室主任、全国知名教师培训专家汪志广教授作题为"新时代学生管理的方向与方法"的报告。汪教授结合他多年的教学经历，用他特有的幽默诙谐的语言对新时代的学生教育作了深入浅出的讲解，他以当前教育形势、学校发展面临的挑战为切入点,结合大量事例,从民主科学管理学生、教师的学习、处理好民主管理与严格管理的关系、如何搞好课堂教学四个方面对学生管理做了精彩地讲解和深刻的阐述。

第十二讲:王文湛(全国资深教育家、教育部基础教育司原司长、国家副总督学、中国中小学幼儿教师奖励基金会秘书长)

2013 年 11 月 24 日,王文湛作题为"知识、学识、见识——优秀教师的成长之路;尊重、创新、大爱——卓越教师的成功之道"的报告。他对《国家中长期教育改革和发展规划纲要》进行了解读,着重就高中阶段学习十八大精神贯彻纲要、提高教育质量、努力办好人民满意教育方面作了阐述。王文湛提出,学习贯彻纲要,重在提高教育质量,着力提高创新精神和创新能力的培养,突出强调了德育的重要作用,要以校长和教师队伍建设为核心。他还就推进素质教育更新教育观念,如何提高学生综合素质,尤其是注重品德培养,良好习惯的养成,加强体育及美育教育等方面谈到了自己独到的见解。王文湛认为,学校校长、老师要不断加强学习,提高修养和教书育人的本领;要建立民主、平等、和谐的师生关系;增强教育的艺术性,提高教育教学水平;要加强班主任队伍建设和加强校长队伍的建设,坚定不移地推进素质教育;要注重校园文化建设,积极创建和谐校园,全面提升学校的竞争力和发展后劲。

第十三讲:鲍鹏山(《百家讲坛》主讲嘉宾、文学博士)

2013 年 11 月 18 日,鲍鹏山作"孟子:人格、人性与道德"的专题讲座。鲍鹏山对儒家宗师孟子的人格、人性与道德的深入剖析,让全校师生受到了大思想家的精神洗礼。鲍博士对儒家思想礼、义、仁、智、信的逐条阐述,让听众深刻体会到了在任何时代都要有宽容心,要有堂堂正正的大丈夫人格,时时刻刻不畏强暴、坚持正义,以伟人的思想和人格力量的光辉,激励自己成长。

第十四讲:郑子岳(全国知名教育专家、演讲家、中国名师名家大讲堂首席顾问)

2013 年 11 月 19 日,郑子岳作了以"励志照亮人生,激情成就梦想"为主题的励志与学法指导专题报告会。在两个多小时的演讲中,郑老师就学习心态、学习方法,以及中学生中普遍存在的手机、上网、早恋等常见问题发表了独特的见解,深入浅出地道出了本次报告会的主旨——帮助学生进一步激活求知欲望,点燃奋斗激情,唤醒学习动力,挖掘成才潜能,让每一位学生都能以积极的心态、昂扬的斗志,去迎接学习和挑战。

第十五讲:蒙曼(中央电视台《百家讲坛》主讲嘉宾)

2014年3月8日,蒙曼做客琥珀讲坛,主讲"家齐则国治——中国古代的母教"。此次讲座落脚点在中国古代的母教,蒙曼教授从社会变迁的角度阐述了女性地位及女权在中国发展的特殊轨迹,妇女从完全依附丈夫到相夫教子以及男女半边天的地位,实则是中国政治变迁的产物。她娓娓道来,一段古文接一段古文,一个小故事接一个小故事,深入浅出,将古代母教在家庭中的地位、贤母的标准及典范、母教的职责与方式、古代的亲子关系诠释得妙趣横生。她认为女学盛则国强,推动摇篮的手就是推动世界的手。

第十六讲:田丽霞(全国十佳班主任、百位科研名师)

2014年8月5日,田丽霞作"好班主任工作方法"的专题报告。田老师结合她多年的教学经历,对新时代的学生教育作了深入浅出的讲解,他以当前学生心理角度为切入点,结合大量事例,从怎样看待教师工作、怎样看待学生、怎样赢得学生的尊重、怎样关爱学生、怎样严格要求学生、怎样管理自己的情绪六个方面对学生管理做了精彩地讲解和深刻的阐述。

第十七讲:孙鹤芝(中国梦想激励学第一人、中国著名青年励志演说家、著名中高考励志专家、中高考励志权威、青少年心灵潜能激发专家)

2014年12月27日,孙鹤芝作"激情追梦,赢在高考"的励志演讲。他一上场就带领同学们进行互动的"插入游戏",幽默却励志,一下子拉近了和同学们之间的距离。孙老师在报告过程中更是精彩迭出,"快乐地追求成功,还是追求成功的快乐,你选择什么"告诉同学们要乐观的学习;"见面礼三句话"的小活动,鼓励同学们必须懂得主动去出击;"成功一定有方法,失败一定有原因"启示同学们要学会自我分析;"往前走五步,往后退六步"强调了态度的重要性,同时他强调"态度第一,方法也第一"的学习原则。孙鹤芝老师的语言深入浅出,通俗易懂,雅俗共赏,故事的穿插,自我经历的励志介绍,在会心的笑声中更有奋斗的力量,鼓舞了学生的斗志,让学生看到了前行的方向,他的报告细节无不告诉学生一个质朴的人生哲理——没有什么是不可能的,奇迹是可以创造出来的。

第十八讲:郦波(南京师范大学教授、《百家讲坛》主讲嘉宾)

2015年4月6日,南京师范大学教授、《百家讲坛》主讲嘉宾郦波教授为师生们做了主题为《读书和读书人的品格和使命》的报告。在讲座中,郦波教授特别选择"读书"这一话题作为讲座主题,他建议青少年通过阅读等方式,找到自己学习的榜样。随后,他以生动幽默的语言从"读什么书""什么时候读书""和谁一起读书""怎么读书",以及"为何而读书"五个方面为主题,带领现场500余名师生们一同读历史,从阐述历史名人的经历中让大家感悟到中国知识分子的品格与使命。

(二)体艺特色课程成果丰厚

九江三中成立体艺中心,扎实搞好体艺教学。体育在充分保证每个学生一个小时的体育锻炼时间的同时,坚持抓好足球、田径、羽毛球、篮球、乒乓球、排球等运动队,成立了羽毛球俱乐部。艺术重点管理好小天鹅艺术团,筹划成立管弦乐队,九江三中的体艺特色得到了进一步彰显。足球、排球等项目全省乃至全国有影响,足球队多次荣获全省冠军,并代表江西省参加全国中学生联赛;排球队曾应邀赴波兰访问。4月15日,国家足球队原主教练朱广沪莅校考察。艺术教育工作获"全国艺术教育工作先进单位"称号。学校文艺节目参加九江城区六一文艺汇演,连续十年获得一等奖。原创舞蹈"离开雷锋的日子"2013年代表江西省参加了全国第四届中学生艺术展演。高考为北京体育大学、上海体育学院、武汉体育学院、中国音乐学院、中国传媒大学等体育、艺术、传媒类高等院校输送了许多优秀的人才。

(三)加强学科类校本课程

学科类校本课程对培养学生兴趣,挖掘尖子生的潜能,全面提高教育质量有重大意义。如装备了两间通用技术教室,开设了通用技术课。2010年7

名同学参加江西省首届中学生通用技术比赛,7名同学获奖,其中6名一等奖,1名二等奖。

(四)搞活专题类校本课程

专题类课程大致可分为两类:①常规性德育课程,包括班会、校会、人口教育、安全教育、环境教育、心理健康教育、军事训练等。②社会实践活动课,主要是"研究性学习"。旨在沟通学校、社会、家庭的联系。专题类校本课程结合在学校多个活动中,其课时主要安排在学校的各项活动中。如组织学生参加社会生产劳动和社会服务、社会调查,增强劳动观念和社会责任感。研究性学习曾去过北京、农村、景德镇等地参观考察,考察回来后学生们整理调查资料,用展板展示研究性学习的成果。将调查结果汇编成册,这也是九江三中高中新课改的一项内容,学生感兴趣课题如冰川、民俗、小吃等,培养提高探究能力,学校还进行研究性学习的总结表彰会。研究性学习给学生提供了创新的空间,2012年研究性学习首次参加市级比赛,一学生获一等奖,并荣获团体奖。2013年一个课题组被选拔到省里参加决赛。

九江三中2014年研究性学习优秀成果汇报暨表彰大会❶

2014年10月24日下午,在九江三中科技楼六楼举行了高二年级研究性学习优秀成果汇报暨表彰大会。此次大会是在校领导的热切关怀下,在科研处的精心策划下,在高二年级部及18位班主任的大力支持下成功举办的。参加此次大会的有汪世共书记、李定平副校长、柳冰校长助理、教务处江波副主任、高二年级部刘重义主任、高二年级部聂己未副主任、科研处聂周伟副主任。此次大会由科研处曹荣星主任主持,大会主要由三项议程组成:①在胡徽媛同学的主持下,五位优秀学生代表进行了幽默风趣、慷慨激昂而又满腹哲理的发言。②曾于2014年获综合江西省实践大赛一等指导奖的谢诺诗老师对此次研究性学习的五位优秀学生代表的作品进行了点评,

---

❶ 九江三中,http://www.jxjjsz.cn/Article/ShowArticle.asp? ArticleID=2319.

从宏观上讲解了研究性报告撰写的方法与技巧。接着,科研处聂周伟副主任宣读了此次研究性学习的小组获奖名单及优秀班集体获奖名单。③柳冰校长助理最后发言,他指出九江三中高二年级研究性学习在学校的高度重视下,在科研处、年级部及班主任的精心组织下,很有实效;学生们在此次研究性学习中得到了锻炼与提升,提高了观察学习的能力。他希望研究性学习活动继续开展下去,越办越好。

九江三中举行 **2014** 年研究性学习优秀成果汇报暨表彰大会

谢诺诗老师对研究性学习优秀作品进行点评

荣获研究性学习特等奖的优秀小组

荣获研究性学习优秀班集体

李隆诚代表课题小组作《沉思甲午 展望未来》的报告

九江三中举办 2014 年研究性学习优秀成果展❶

2014 年 11 月 2 日,九江三中在学校体育馆门口举办 2014 年研究性学习优秀成果展。在科研处的精心策划下,在高二年级部和班主任的积极引导下,参与课题的学生积极性很高,从 6 月的开题到 9 月的结题,高二学生交上了一份份令人满意的答卷。

本次研究性学习,课题结题数量多达 148 个,学生参与面广,研究视野开阔,选题范围大。有研究文学艺术的,如《沉淀千年的绝代诗情》《走进爱玲》;有研究自然人文景观的,如《浔阳古城的古往今来》《九江公园的研究》;有研究饮食的,如《认识食品添加剂》《品味茶文化》《对九江各大饼店人流量及其对象的研究》;有研究服饰的,如《中国古代服饰的特点与发展》《关于现代着装建议的研究综述》;有研究旅游资源开发的,如《关于南昌风景名胜及其旅游价值》《庐山旅游特色》等。

研究性学习活动的开展,不仅增强了学生们的合作意识,而且培养了他们的创新和实践能力,让践行者们感受到自己种下的幸福。由于条件有限,本次只展出一部分优秀作品,稍后校科研处还将出一本《2014 年研究性学习优秀成果汇编》,将收获的喜悦分享给大家。

---

❶ 九江三中,http://www.jxjjsz.cn/Article/ShowArticle.asp? ArticleID=2328.

九江三中 2014 年研究性学习优秀成果展

九江三中学子在观看研究性学习优秀成果展

成果展《寻阳古城的古往今来》

成果展《关于现代着装建议的研究综述》

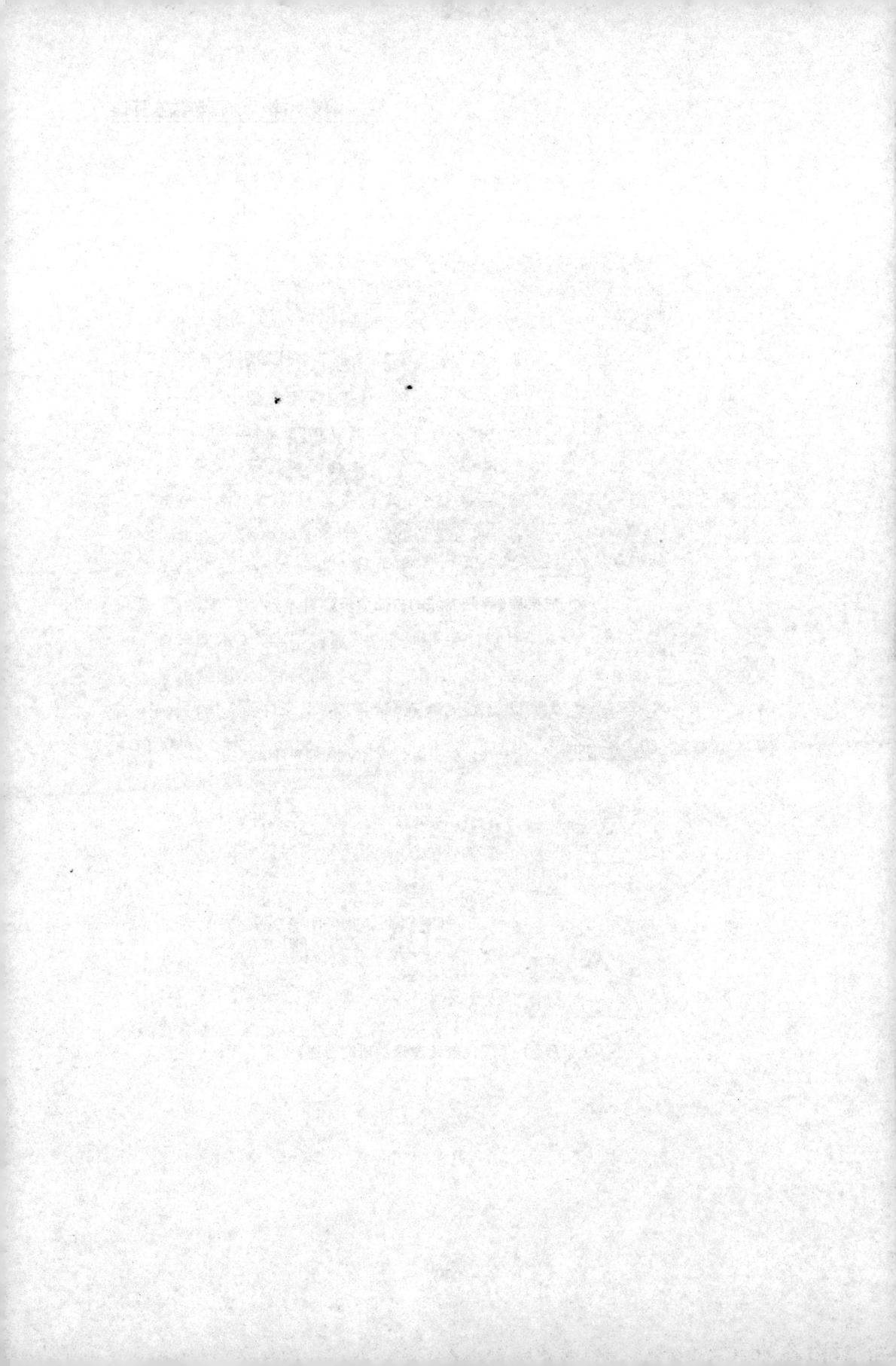